Oscar narrativa

Giovanni Verga

Giovanni Verga

Eros

Introduzione e antologia critica
di Roberto Cantini

Cronologia
della vita dell'Autore e dei suoi tempi
e bibliografia
a cura di Corrado Simioni

Arnoldo Mondadori Editore

© 1946 Arnoldo Mondadori Editore S.p.A., Milano
I edizione Romanzi e Racconti Italiani 1946
I edizione B.M.M. luglio 1956
I edizione Oscar Mondadori settembre 1976
I ristampa Oscar Mondadori febbraio 1981

Sommario

8 *Verga e i suoi tempi*
16 *Introduzione*
21 *Antologia critica*
22 *Bibliografia*

25 Eros

Cronologia
della vita di Verga e dei suoi tempi
Introduzione
Antologia critica
Bibliografia

Verga e il suo tempo

La vita e le opere (1840-1922)

1840-1850	Nasce a Catania il 2 settembre 1840 Giovanni Carmelo Verga, figlio primogenito di Giovanni Battista Verga Catalano e di Caterina di Mauro. La famiglia, di origine nobile e di tendenze liberali, era agiata e possedeva case e terreni a Catania e a Vizzini. In questi luoghi Giovanni trascorre l'infanzia, affidato alle cure della madre.
1851-1858	A 11 anni Verga comincia a frequentare la scuola di Antonino Abate, letterato e patriota. Questi lo incoraggia a scrivere, e Verga compone nel 1857 il suo primo romanzo, *Amore e patria*, ispirato alla rivoluzione americana. Nel 1858 si iscrive alla facoltà di legge dell'Università di Catania.
1859-1864	Oltre che agli studi, che interrompeva definitivamente nel 1861, Verga si dedica al giornalismo e fonda con Nicolò Niceforo il settimanale politico «Roma degli Italiani», di intenti unitari e antiregionalistici. Dal 1859 al 1861 lavora al romanzo *I carbonari della montagna*, che pubblica nel 1862 a proprie spese. Viene recensito favorevolmente dal periodico fiorentino «Nuova Europa», che l'anno dopo pubblica a puntate un altro romanzo di Verga a sfondo patriottico, *Sulle lagune*. Nel 1862 muore il padre dello scrittore.
1865-1871	Verga lascia la Sicilia e si stabilisce a Firenze, dove frequenta i salotti letterari e conosce gli scrittori Giovanni Prati, Aleardo Aleardi, Arnaldo Fusinato e l'anarchico Michail Bakunin. Amicizie letterarie con

La vita politica e sociale	La vita letteraria e artistica
Sono gli anni che preludono alle lotte per l'indipendenza nazionale. Nel 1846 comincia il pontificato di Pio IX. Nel 1847 si pubblica la requisitoria antiborbonica *Protesta del Popolo delle Due Sicilie*. Lo stesso anno insorge Messina; nel gennaio del 1848 Palermo: Ferdinando II concede la costituzione. Il movimento si propaga nel resto d'Italia. Si inizia la prima guerra d'indipendenza. Nel marzo del 1849 l'esercito piemontese è sconfitto.	Nascono nel 1840 Daudet e Zola; nel 1842 Arrigo Boito, Fogazzaro e Pratesi; nel 1843 Fucini; nel 1844 Rapisardi; nel 1846 De Amicis; nel 1847 Giacosa; nel 1849 Dossi; nel 1850 Maupassant. La scena letteraria europea è dominata da Balzac, Dickens, Dumas padre, Hugo, George Sand. In Italia prevale la scuola manzoniana. Nel 1840 Tommaseo pubblica *Fede e Bellezza*; nel 1842 appaiono *I misteri di Parigi* di Sue e nel 1844 *I tre moschettieri* di Dumas padre.
Parallelamente all'estendersi del movimento liberale europeo si afferma in Italia la politica unitaria di Cavour. Nel 1855 guerra di Crimea. Nel 1856 falliscono due tentativi rivoluzionari in Sicilia.	Nascono nel 1851 Rovetta e De Marchi. Nel 1852 Dumas figlio pubblica *La signora dalle camelie*; nel 1885 si stampa il *Dottor Antonio* di Ruffini, e nel 1856 *Madame Bovary* di Flaubert.
1859: seconda guerra d'indipendenza. Moti insurrezionali nell'Italia centrale. L'11 maggio 1860 Garibaldi sbarca a Marsala. Ha inizio la conquista del Regno delle due Sicilie. 1861: viene proclamato il regno d'Italia con capitale Torino. Il 6 giugno muore Cavour. Nel 1865 la capitale è portata da Torino a Firenze.	Nel 1859 Darwin pubblica *L'origine della specie* che influenza l'indirizzo positivista della cultura. Sempre in quell'anno Frédéric Mistral pubblica *Mirella* in provenzale. Dal 1859 al 1864 Rovani pubblica *Cento anni*. Nel 1862 appaiono *I Miserabili* di Hugo.
1866: terza guerra d'indipendenza; l'Italia, alleata della Prussia, è vittoriosa sull'Austria. Annessione del Veneto. L'Italia ha però	Nascono De Roberto (1861), Croce (1866), Pirandello (1867), la Deledda e Proust (1877). Daudet, Zola, Dostoevskij e Tolstoj

Mario Rapisardi, Francesco Dall'Ongaro e Caterina Percoto. Comincia anche il sodalizio letterario fra Verga e Capuana. Nel 1866 pubblica *Una peccatrice*, e nel 1871 *Storia di una capinera*. Nel 1869 conosce Giselda Fojanesi e se ne innamora.

1872-1879   Trasferitosi nel 1872 a Milano, che aveva preso il posto di Firenze come centro artistico e letterario, Verga, grazie anche al successo di *Storia di una capinera*, è introdotto nella migliore società milanese, e diventa frequentatore abituale del salotto della contessa Maffei. Stringe rapporti di amicizia con gli scrittori Arrigo Boito, Girolamo Rovetta, Federico De Roberto, Giuseppe Giacosa, con il giornalista Eugenio Torelli-Viollier, fondatore del «Corriere della Sera», e con la famiglia dell'editore Treves. Nel 1872 Giselda Fojanesi sposa Rapisardi.
È un periodo di intensa attività letteraria, influenzata dal romanzo psicologico francese: nel 1873 si pubblicano *Eva* e *Tigre reale*, nel 1874 *Nedda*, nel 1875 *Eros*, nel 1876 *Primavera e altri racconti*. Nel 1877 muore la sorella Rosa e nel 1878 la madre.

1880-1884   Comincia il nuovo periodo dell'arte verghiana; caratterizzato dal "ritorno" alla Sicilia e dall'adesione al verismo.
1880: si pubblica *Vita dei campi*; Verga ritrova Giselda e riallaccia la relazione con lei. Lavora ai *Malavoglia*.
1881: pubblicazione dei *Malavoglia*; scarso successo di pubblico.
1882: pubblicazione del *Marito di Elena*.
1883: vengono raccolte in volume le *Novelle rusticane* e *Per le vie*. Rapisardi scopre una lettera di Verga a Giselda e la caccia di casa.
1884: viene rappresentato al teatro Carignano di Torino il dramma *Cavalleria rusticana* tratto dall'omonima novella. Eleonora Duse è Santuzza. Grande successo.

subito le sconfitte di Custoza e di Lissa. Questione romana: la guerra franco-prussiana permette all'esercito italiano di entrare in Roma il 20 settembre 1870.	sono nel pieno della loro attività. Nel 1867 si pubblicano *I miei ricordi* di D'Azeglio, le *Confessioni di un italiano* di Nievo, e nel 1870-1871 la *Storia della letteratura italiana* di De Sanctis.
Si attua in questi anni il passaggio dal governo della destra a quello della sinistra, guidato da Depretis, con il suo cosiddetto "trasformismo". Lo sciopero generale a Milano del '72 e le agitazioni irredentistiche del '79 mostrano l'urgenza dei problemi sociali e nazionali. 1876: inchiesta Franchetti-Sonnino sulle condizioni economico-sociali della Sicilia. 1878: muore Vittorio Emanuele II. Esposizione Universale a Parigi.	Nel 1872 si pubblicano *Teatro italiano contemporaneo* di Capuana, manifesto del verismo, e *Giambi ed epodi* di Carducci che nel 1877 pubblicherà anche le *Odi barbare*. Rapisardi pubblica il *Lucifero* (1877), D'Annunzio *Primo Vere* e Villari le *Lettere meridionali* (1878), Capuana *Giacinta* e Settembrini *Le ricordanze* (1879). La letteratura europea si arricchisce di nuove opere di Daudet, Dostoevskij, Flaubert, Ibsen, Tolstoj e Zola. A Milano Arrigo Boito, Rovani, Emilio Praga, Tarchetti, Dossi e altri danno vita alla "scapigliatura".
Continua la politica "trasformista" di Depretis, mentre si rafforza il movimento operaio. Nelle elezioni del 1882 primi successi socialisti. L'Italia stringe con Germania e Austria la Triplice alleanza. Nel 1882 muore Garibaldi.	Mentre l'Italia letteraria è dominata dalla personalità di Carducci, comincia ad affermarsi D'Annunzio che pubblica in questi anni *Canto novo* (1882), *Intermezzo di rime* e *Terra vergine* (1883). Fogazzaro pubblica *Malombra* (1881), Fucini *Le veglie di Neri* e la Serao *Il ventre di Napoli* (1884).

1885-1893	Mentre Verga prosegue la sua attività letteraria, si comincia a parlare di lui come del maggiore romanziere italiano vivente. La rappresentazione a Milano della commedia *In portineria* (1885) è però un successo soltanto parziale. Nel 1887 sono raccolte in volume le novelle di *Vagabondaggio* già pubblicate su riviste. Nel 1888 appare sulla «Nuova Antologia», a puntate, *Mastro don Gesualdo*, che in redazione notevolmente diversa esce in volume nel 1889. Lo stesso anno Verga conosce Dina di Sordevolo, alla quale resterà legato per il resto della vita. Nel 1890 Pietro Mascagni rappresenta l'opera *Cavalleria rusticana*. 1897: pubblicazione dei *Ricordi del capitano D'Arce*. Nel 1893, a seguito di una controversia giudiziaria, Verga riceve 143.000 lire, come coautore dell'opera di Mascagni. È il benessere economico che, insieme con una certa insofferenza per l'ambiente milanese, lo induce a ritornare in Sicilia.
1894-1914	Verga si è trasferito definitivamente a Catania dove rimarrà fino alla morte, salvo brevi permanenze a Milano e a Roma. Qui, nel 1895, avverrà un incontro fra Verga, Capuana e Zola. Le opere sono sempre più scarse: nel 1894 esce la raccolta di novelle *Don Candeloro e C.i*, nel 1896 viene rappresentata a Torino *La Lupa*, nel 1901 sono rappresentati i drammi *Caccia al lupo* e *Caccia alla volpe*; nel 1903 si pubblica il dramma *Dal tuo al mio*, volto poi in romanzo e stampato nel 1906. Nel 1911 Verga lavora alla *Duchessa di Leyra* che dovrebbe continuare il "Ciclo dei Vinti", iniziato con *I Malavoglia* e con *Mastrodon Gesualdo*: ne scrive un solo capitolo, pubblicato postumo nel giugno 1922. Nel 1903 era morto il fratello Pietro; i cui figli furono affidati a Verga.
1915-1922	Nel 1914 il critico Renato Serra aveva scritto: «Un Verga che nessuno osa disprezzare, ma che nessuno più cerca». Il dannunzianesimo imperante, che si mescolava con l'influenza di Fogazzaro e di Pascoli,

Dopo la morte di Depretis, nel 1887, sale al potere Crispi che intraprende una politica di espansione coloniale. Nel 1889 l'Italia ottiene il protettorato della Somalia e occupa l'Asmara. Si allarga in Europa e in Italia la questione sociale. Nel 1889 si costituisce a Messina il Fascio dei lavoratori siciliani che si diffonde poi a Catania e a Palermo. Nel 1893 ha luogo in tutta la Sicilia una grave agitazione sociale. Lo stesso anno, scandalo della Banca Romana.

Fogazzaro pubblica *Daniele Cortis* (1885), D'Annunzio *Isaotta Guttadauro* (1886), *Il piacere* e *Trionfo della morte* (1889), De Marchi *Demetrio Pianelli* (1890), Pascoli *Myricae* e la Serao *Il paese di Cuccagna* (1891). Svevo *Una vita* (1892)

Nel 1894 in seguito a gravi disordini viene proclamato lo stato d'assedio in tutta la Sicilia. Nel 1898 la tensione sociale si aggrava in tutta Italia; a Milano il generale Bava Beccaris fa sparare sulla folla. 1900: Umberto I è ucciso a Monza. Dal 1908 si succedono i governi di Giolitti, che inizia una politica di riforma sociale e di allargamento del suffragio universale. 1908: terremoto nell'Italia meridionale: Messina e Reggio Calabria sono distrutte. 1911: guerra di Libia. 1914: scoppia la I guerra mondiale.

Muoiono: Daudet (1897), De Marchi (1901), Zola (1902), Giacosa (1906), Dossi e Rovetta (1910), Fogazzaro (1911), Pascoli e Rapisardi (1912). De Roberto pubblica *I viceré* (1894) e Fogazzaro *Piccolo mondo antico* (1895). Si pubblicano inoltre *Senilità* di Svevo (1898); *Il marchese di Roccaverdina* di Capuana e *I Buddenbrook* di Thomas Mann (1901); *Il fu Mattia Pascal* di Pirandello (1904); *Canne al vento* della Deledda (1913). Sempre nel 1913 comincia la pubblicazione di *Alla ricerca del tempo perduto* di Proust.

Nel 1915 l'Italia entra in guerra. 1917: rivoluzione russa. 1918: fine della guerra. Giolitti ritorna al potere e tenta una politica di

Muoiono nel 1915 Capuana e Serra, nel 1918 Arrigo Boito, nel 1920 Tozzi, nel 1921 Fucini, nel 1922 Proust.

pone Verga ai margini della vita letteraria. Solo nel 1918 Federico Tozzi riconoscerà come maestro lo scrittore siciliano. Nel 1920 viene celebrato pubblicamente l'ottantesimo compleanno dello scrittore. Lo stesso anno Verga è nominato senatore.
Muore il 27 gennaio 1922.

equilibrio fra socialisti e nazionalisti. Ascesa del fascismo.	Si afferma in Italia l'ermetismo. *Con me e con gli alpini* di Jahier e *Tre croci* di Tozzi riprendono la lezione verghiana. Nel 1919 Luigi Russo pubblica il saggio *Giovanni Verga*. Nel 1922 si stampa l'*Ulisse* di Joyce.

Introduzione

Il romanzo *Eros* di Giovanni Verga – scritto nel 1874 e pubblicato l'anno dopo – appartiene a un periodo di intensa attività dello scrittore. Esso coincide con gli anni della sua permanenza a Milano, dopo il trasferimento da Firenze, avvenuto nel 1872: quella Milano che aveva preso il posto della città toscana come centro culturale, artistico, letterario. Grazie al successo di *Storia di una capinera,* Verga entra nella più celebre società milanese, frequenta abitualmente il salotto della contessa Maffei, stringe amicizia con Arrigo Boito, Girolamo Rovetta, Federico De Roberto, Giuseppe Giacosa e con il giornalista Eugenio Torelli-Viollier, fondatore del «Corriere della Sera». Tuttavia il Verga che incontriamo a Milano è ben diverso dall'uomo che nel '65 aveva abbandonato la sua terra di Sicilia e si era avviato nella capitale provvisoria del Regno, Firenze appunto, con una fiducia quasi spasmodica nel successo clamoroso, nella conquista della grande città. Egli ha imparato dall'esperienza che conviene attendere, che bisogna perfino mostrarsi dapprima timido e schivo, e quasi ombroso – tratti del resto non estranei alla sua personalità. Due lettere di presentazione, una diretta dal Capuana al Farina, l'altra del Dall'Ongaro a Tullio Massarani ebbero tuttavia l'effetto di schiudergli quasi immediatamente le porte della intellettualità lombarda, di immetterlo nella vita del «gran borgo» operoso.

Vediamo un po' più da vicino quale fosse codesta vita, in che modi e forme, in quali riti e costumanze si esprimesse. È una piccola indagine che tentiamo: ma che ci pare necessaria per ben comprendere il cammino artistico, e artigianale, del Verga, la sua «carriera» di scrittore «mondano».

Consideriamo ad esempio il salotto della contessa Maffei. Scrive Giulio Cattaneo in un lungo saggio biografico dedicato al Verga: «Era un ambiente sovraccarico di oggetti, dalle pareti di damasco rosso coperte di quadri, di miniature, di specchi, di ricami, con una quantità di ninnoli raccolti ordinatamente sui tavolini e le mensole, fra le poltrone damascate. Il Verga aveva preso l'abitudine di andarci tutte le sere, intrattenendosi soprattutto con Boito e con Gualdo ». Ma i damaschi della contessa Maffei non furono il solo luogo dove lo scrittore amasse sedere e conversare. Aggiunge il Cattaneo: « Nonostante l'amicizia con alcuni scrittori "scapigliati", il Verga non diventò un cliente della trattoria del Polpetta [che dal nome stesso si desume essere più appropriata alla avventurosa avanguardia milanese di quegli anni, sottolineiamo noi] né di quella di via Vivaio dove il Praga finì per passare le sue giornate, ma frequentò soprattutto il *Cova*. Lì si trovava con Boito, i pittori Gola e Malaspina, con Leone Fortis direttore del « Pungolo », col Massarani e col Gualdo. In questo ristorante che l'ex soldato napoleonico Cova aveva aperto al posto di "una vecchia bottega di fieno e biada" sperimentandovi la sua abilità "di caffettiere, di offelliere, e di trattore" si incontravano scrittori e artisti che avevano abitudini di vita ben diverse da quelle scapigliate. Vi capitava anche l'editore Emilio Treves che avrebbe pubblicato le opere del Verga a cominciare dalla ristampa della *Storia di una capinera*. Perseguitato dalla polizia austriaca, il Treves si era trasferito a Parigi dove aveva seguito con estremo interesse il crescente movimento editoriale e nel '59 era tornato a Milano con l'intenzione di fondare una casa editrice che potesse emulare i grandi complessi francesi. « Era – riferisce sempre il Cattaneo – un uomo piuttosto spiritoso ed è ben nota la sua battuta, riportata dal De Roberto, diretta al Verga, dopo avergli chiesto quale titolo gli spettasse, mentre si accingeva a stendere il primo contratto: "Come? Non siete neanche barone?". Dove era chiaro lo scherzo del settentrionale a spese di uno scrittore del Mezzogiorno feudale e spagnolesco. » E qui si faccia bene attenzione: « Il Verga si trovava quindi a suo agio a contatto del bel mondo milanese: nelle sue passeggiate quotidiane nel viale elegante da Porta Venezia a Porta Nuova, affollato di carrozze padronali, nei brillanti salotti letterari, fra i tavolini di marmo e gli specchi dorati del *Cova* ».

In questo mondo "elegante", in una società che dava chiari segni di dilettantismo culturale, tra i riflessi sbiaditi di esperienze francesi e tedesche e insoddisfazioni morbose e decadenti, nacquero i cosiddetti romanzi « mondani » del Verga: nel 1873 *Eva* e *Tigre reale*, nel '75 *Eros*, col breve intermezzo di *Nedda* apparso nel '74 e che, pur rifacendosi all'autentico *humus* letterario e spirituale dello scrittore, è abbondantemente inquinato dall'atmosfera che si è cercato di descrivere. Giacomo Debenedetti scrisse nelle lezioni su *Verga e il naturalismo* recentemente apparse postume: « Anche noi siamo d'accordo che la serie dei capolavori verghiani – o per lo meno la maturità dell'opera di Verga – debba farsi iniziare con *Nedda*, bozzetto siciliano, anche se *Nedda* non è ancora un capolavoro ».

Sulle frequentazioni dei salotti che allora occupavano tanto del suo tempo e, si direbbe con un termine psicologico, sottraevano tanta libido all'animo del futuro grande scrittore, si hanno anche alcune interessanti testimonianze dirette, come questa del Barbiera: « Lo incontravo nella società milanese più intellettuale e anche nel cosiddetto gran mondo, sì diverso dal presente. Bellissimo giovane dall'aria *fatale*. Fra il pallido e l'olivastro il volto dai fini lineamenti; neri i capelli ricciuti e l'occhio vivo e nobili il portamento, il gesto. Molto riservato nel dialogo, quasi misurato nelle parole; non facile a chiamarsi amico, ma, quando lo era, sentiva tutto il valore dell'amicizia ». Altra descrizione vivacissima ci ha lasciato Roberto Sacchetti, arguto *croniqueur* della *Vita letteraria* in Milano: « La prima volta che lo vidi fu in casa Maffei una domenica sera che le due salette erano piene di signore tra cui sei o sette giovani e belle, e queste lo circondavano in modo ch'io non mi potei appressare a lui. Lui stava là contegnoso in silenzio in mezzo al vivace cicalìo, e sorrideva di quel suo sorriso serio, a fior di labbra, che fa malinconia. Per questo suo fare riservato, misterioso, che dimostra patimenti profondi, non meno che per la eleganza squisita del suo sentimento artistico, dicono che abbia delle avventure. Non gliene state a chiedere a lui; è così poco vanesio che non ve ne direbbe nulla, anzi vi riderebbe discretamente sul viso ». Tuttavia la fama di uomo galante, di pericoloso corteggiatore, il Verga l'aveva: tanto da provocare le ire nientemeno che del Carducci, il quale temeva che gli insidiasse la sua Lidia (come egli l'aveva intitolata, parendogli poco conveniente alla poesia il nome vero, che era Lina Piva-Cristofori).

Tra codeste frequentazioni, amori, beghe, amicizie trascorreva quindi la vita del Verga a Milano. Ma sarebbe fargli grave e iniquo torto il non mettere in rilievo che proprio questa esistenza, dalla quale comunque ricavò i libri che si sono prima citati, satura di kitsch e di un clima liberty alquanto *fané*, contribuì, o forse fu determinante, a fargli sentire la fatuità del cosiddetto bel mondo, spinse fino all'eccesso la prima fase della sua scrittura, conclusasi appunto col romanzo *Eros*, e finalmente lo determinò a chiudere quel periodo, per dare inizio alla nuova fase della sua arte, caratterizzata dal «ritorno» alla Sicilia con la pubblicazione nell'80 di *Vita dei campi* e nell'81 dei *Malavoglia*.

Come sappiamo, quel primo periodo dell'arte, o se si preferisce, dello scrivere verghiano, è stato alquanto bistrattato dalla critica. Sebbene la più aggiornata e intelligente riconoscesse in quei romanzi – sostanzialmente *Eva*, *Tigre reale* e il nostro *Eros* – il fervere latente di intenzioni e propositi che non potevano esaurirsi in essi. Giacomo Debenedetti, nelle lezioni già ricordate scrisse: «Allarghiamo l'orizzonte: usciamo dal romanzo [nel caso specifico *Eva*, ma sono parole che si adattano benissimo anche ad *Eros*], per interpretare gli stati d'animo, le posizioni, come travaglio morale nell'ispirazione del Verga, artista in divenire. Si direbbe che, attraverso queste figure e vicende, egli consumi proprio la sua sete di assoluto, il suo impegno con l'ideale. Gli si viene chiarendo, attraverso l'ineluttabilità della rappresentazione, che tra la sua sete di assoluto e il mondo concreto che dovrebbe appagargliela l'antitesi è senza rimedio. La sete di assoluto si raffigura in una intemperante, fanatica, contraddittoria febbre di autodistruzione, in una impossibilità di capire il vero: è il dramma che porta Enrico alla rovina [le stesse parole si possono ripetere, forse a maggior ragione, per Alberto, il protagonista di *Eros*: Enrico lo è di *Eva*]. D'altra parte, quel mondo che pareva la meta, l'oggetto magnifico da afferrare, si inaridisce, si accartoccia al contatto di quella febbre. È qualcosa, di cui ci si domanda se valga la pena. Dall'altra è pronto a risorgere, di nuovo tentatore, se ci si distacca da lui. Queste sono le vertigini di Giovanni Verga divenute romanzo. È certo che gli ideali da cui è partito sono ideali sbagliati, che lo porteranno all'aridità. Eppure sente di non poter evitare quel destino di fallimento: che la sua opera deve patirlo fino in fondo. Enrico [si seguiti pure a leggere Alberto] sbaglia tutto: eppure il suo romanziere gli vuole ancora bene, lascia che i fatti gli diano torto, lui forse lo assolverebbe». Queste ultime parole non sono più vere per *Eros*. In questo romanzo Verga ha consumato tutta la sua esperienza di romanziere «mondano». Esso sembra quasi in bilico tra la grandiosa avventura letteraria che lo attende e il passato.

Chi è il protagonista del romanzo? Un marchese, naturalmente, Alberti, un seduttore da salotto, che passando da una donna all'altra scopre la propria incapacità di amare e di vivere. Dopo che l'ultima sua malefatta amorosa ha precipitato nella morte per consunzione sua moglie, che gli è anche cugina, la tenera Adele, egli non trova la forza di sopravvivere: « Alberti ritornò solo dal cimitero, tardi. Le stelle scintillavano sul suo capo, e la luna incominciava a sorgere dietro i monti... I domestici lo videro attraversare le stanze con passo fermo, pallido e calmo, e dirigersi verso la camera mortuaria. Quella camera era ancora nel medesimo stato. Le candele finivano di consumarsi sgocciolando. Egli si avanzò lentamente ed andò a toccare ad uno ad uno quei fiori, quella tovaglia, quei mobili, ad esaminare le boccettine... Il letto era intatto, la coperta liscia e distesa, il guanciale non aveva una piega. Ei stette ritto dinanzi a quel letto lunga pezza, guardandolo con occhi astratti; mise la mano con un gesto malfermo sulla rimboccatura della coperta, esitò, colle dita increspate e contratte, e ad un tratto, bruscamente, risolutamente, tirò giù la coperta, e cadde pesantemente ai piedi del letto col capo sul cuscino. Si udì un colpo di pistola ».

Così finisce *Eros*. Così prende termine e congedo tutta una esperienza del Verga. Si dice che Goethe uccidendo Werther abbia inteso uccidere una parte di sé, che ormai gli riusciva intollerabile, che gli precludeva la libertà dell'ulteriore espansione artistica. La stessa cosa si può ripetere per Alberto, protagonista di *Eros*. La morte di costui è la morte del romanticismo delirante di Verga, poiché egli ha consumato ogni « intemperante, fanatica, contraddittoria febbre di autodistruzione » per usare ancora le parole del Debenedetti. Così gli può apparire il vero: finalmente si appagherà nello scrivere *Vita dei campi*, *I Malavoglia*, *Mastro don Gesualdo*. Ma il ritorno alle origini non può avvenire senza un fatto traumatico: e tale fatto egli lo compie sulla persona e sul sentire del marchese Alberti. Che, del resto, non a caso a un certo punto del romanzo dice di sé: « Ho letto chiaro nella natura umana come in uno specchio: la maggior parte dei nostri dolori ce la fabbrichiamo da noi... Tutta la scienza della vita sta nel semplificare le umane passioni, e nel ridurle alle proporzioni naturali ».

Non è chi non veda come attraverso l'Alberti qui parli il Verga stesso: che, per il resto della sua esistenza, si adopererà a descrivere la verità delle passioni, la realtà delle cose, al di fuori di ogni torbido decadentismo: insomma a ridurre il cuore umano e la vita stessa « nelle sue proporzioni naturali ».

Roberto Cantini

Antologia critica

Questo alienarsi del mondo a cui ha tanto aspirato, questo presentarglisi com'è, questo cessare dall'impegno della conquista... è la fase di logoramento. Nella storia artistica di Verga si consumerà con *Eros*, dove la storia si svolge interamente per conto proprio e il romanziere in prima persona non si mostra più. *Eros* è il libro, in cui la farfalla si lascia palpare le ali e ridiventa bruco... E lo spettacolo di quel mondo non è che un ripetersi monotono di situazioni e psicologie...

Giacomo Debenedetti

Dello stesso anno (1875) è *Eros* e si conclude così un ciclo che avrebbe potuto intitolarsi tutto in questo mondo. È il più lungo dei romanzi del primo Verga e anche il più contenuto: le passioni vi sono trattate senza eccesso di deliri verbali. C'è anche riflessa una esperienza mondana più verosimile... Nella rappresentazione di questo mondo elegante, nonostante il diverso parere di qualche critico, non c'è ironia. Lo scrittore prendeva molto sul serio le passioni di quei gentiluomini e continuerà a farlo anche dopo la sua conversione letteraria.

Giulio Cattaneo

La carriera del Verga scrittore grande ha qualcosa di misterioso: si concentra in un decennio, e quanto precede o segue è letteratura mediocre... senza rapporti serî con quella in cui l'autore è supremo; anzi, la vena scadente affiora, fiancheggiatrice estranea, perfino durante quel decennio

Gianfranco Contini

Bibliografia

Manca un'edizione critica di tutte le opere di Verga. Ci siamo perciò limitati a indicare le edizioni più facilmente accessibili. Per gli scritti su Verga, oltre alle opere fondamentali, forniamo l'indicazione di alcuni scritti più recenti che esemplificano l'attuale orientamento critico.

EDIZIONI DELLE OPERE DI VERGA

Opere di Giovanni Verga, a cura di Lina e Vito Perroni, Mondadori, Milano 1939-1942, poi ristampata per la Biblioteca Moderna Mondadori

Giovanni Verga, Opere, a cura di Luigi Russo, Ricciardi, Milano-Napoli, ristampa più recente 1958. Ampia scelta delle opere verghiane

Giovanni Verga, I grandi romanzi (*I Malavoglia, Mastro-don Gesualdo*), pref. di R. Bacchelli, testi e note a cura di F. Cecco e C. Riccardi, "I Meridiani", Mondadori, Milano 1979^2

Giovanni Verga, Tutte le novelle, testi stabiliti criticamente, con introd. e note filologico-critiche di C. Riccardi, "I Meridiani", Mondadori, Milano 1979.

SULLA VITA DI VERGA

Autori vari, *Studi verghiani*, a cura di L. Perroni, Palermo 1929; ristampato nel 1934, ed. Bibliotheca, Roma

Nino Cappellani, *Vita di Giovanni Verga*, Le Monnier, Firenze 1940

✓ Giulio Cattaneo, *Giovanni Verga*, UTET, Torino 1963

Federico De Roberto, *Casa Verga*, a cura di C. Musumarra, Le Monnier, Firenze 1964; sono qui raccolti tutti gli scritti di De Roberto su Verga.

SULL'OPERA DI VERGA

Luigi Capuana, *Studi sulla letteratura contemporanea*, I e II, Brigola, Milano 1880

Benedetto Croce, *Giovanni Verga*, in *Letteratura della Nuova Italia*, III, p. 5-32, Laterza, Bari 1903, ristampa più recente 1959

Luigi Russo, *Giovanni Verga*, Laterza Bari 1919, ristampa più recente 1979

Attilio Momigliano, *Giovanni Verga narratore*, Priulla, Palermo 1923; saggio che, nella redazione definitiva, è ripreso in *Dante, Manzoni, Verga*, D'Anna, Messina 1944

Giulio Marzot, *L'arte del Verga*, in "Annuario dell'Istituto magistrale di Vicenza", 1930, rielaborato in *Preverismo, Verga e la generazione verghiana*, Cappelli, Bologna 1965

Autori vari, *Studi verghiani*, a cura di L. Perroni, Palermo 1929, ristampato nel 1934, ed. Bibliotheca Roma.

Luigi Pirandello, *Giovanni Verga* in *Saggi*, a cura di M. Lo Vecchio Musti, Mondadori, Milano 1939; ristampa più recente in *Saggi, Poesie, Scritti vari*, Mondadori, Milano 1965

Nino Cappellani, *Opere di Giovanni Verga*, Le Monnier, Firenze 1940

Massimo Bontempelli, *Verga, l'Aretino, Scarlatti, Verdi*, Bompiani, Milano 1941: il saggio su Verga fu pubblicato in "Nuova Antologia" nel 1940

Dino Garrone, *Giovanni Verga*, Vallecchi, Firenze 1941

Natalino Sapegno, *Appunto per un saggio sul Verga*, in "Risorgimento" 1, 3-VI, 1945

Gaetano Trombatore, *Arte sociale di Giovanni Verga*, in "Rinascita", III, 1947

Leone Piccioni, *Per una storia dell'arte del Verga*, in "Lettura leopardiana e altri saggi", Le Monnier, Firenze 1952

Giacomo Devoto, *I "piani del racconto" in due capitoli dei "Malavoglia"* in "Bollettino del Centro studi filologici e linguistici siciliani", II, 1954

Adriano Seroni, in *Nuove ragioni critiche*, Le Monnier, Firenze 1954

Leo Spitzer, in *L'originalità della narrazione nei Malavoglia*, in "Belfagor", I, 1956

Giovanni Cecchetti, *Il testo di "Vita dei campi" e le correzioni verghiane*, in "Belfagor", novembre 1957

Elio Vittorini, in *Diario in pubblico*, Bompiani, Milano 1957

G. Getto - F. Portinari, in *La prosa dal Carducci ai contemporanei*, Einaudi, Torino 1958
Giacomo Debenedetti, in *Saggi critici*, III, Il Saggiatore, Milano, 1959
Giovanni Cecchetti, *Verga maggiore*, La Nuova Italia, Firenze 1968
Gianfranco Contini, *Giovanni Verga*, in *La letteratura dell'Italia unita (1861-1968)*, Sansoni, Firenze 1968
Emerico Giachery, *Verga e D'Annunzio*, Silva, Milano 1968
Vitilio Masiello, *Verga tra ideologia e realtà*, De Donato, Bari 1970
Romano Luperini, *Giovanni Verga*, in *Il secondo Ottocento*, Laterza, Bari 1975
Vittorio Spinazzola, *Verismo e positivismo*, Garzanti, Milano 1977.

Eros

I

Verso le quattro di una fra le ultime notti del carnevale, la marchesa Alberti, seduta dinanzi allo specchio, e alquanto pallida, stava guardandosi con occhi stanchi e distratti, mentre la cameriera le acconciava i capelli per la notte.

« Che rumore è cotesto? » domandò dopo un lungo silenzio.

« La carrozza del signor marchese. »

« Cosí presto! » mormorò essa soffocando uno sbadiglio.

La cameriera era per chiudere l'uscio del salottino che metteva nelle stanze del marchese, allorché entrò bruscamente un uomo in abito da maschera, col passo malfermo, e il riso scuro.

« Cecilia dorme? » domandò senza fermarsi.

« L'ho lasciata or ora, signor marchese » rispose la cameriera mal dissimulando la sorpresa.

« Domandatele se può accordarmi cinque minuti. »

Egli rimase immobile, col ciglio corrugato, e lo sguardo fiso dinanzi a sé. La cameriera ritornando sollevò la pesante portiera di velluto; il marchese fece alcuni passi verso l'uscio, volse gli occhi a caso su di un grande specchio che gli stava di faccia: sembrò esitare un istante, poscia alzò le spalle, aggrottò il sopracciglio, ed entrò col sigaro in bocca.

La marchesa leggeva, voltata verso il muro: udendo il passo di lui chiuse il libro, e domandò senza muovere il capo:

« Siete voi? »

« Sí. »

Ella alzò gli occhi verso l'orologio appeso alla parete.

« Son le quattro e mezzo, » rispose il marito a quella muta e significativa interrogazione, masticando il sigaro fra i denti.

« Datemi quella boccettina che è lí sul tavolino, vi prego. »

Egli buttò il sigaro nel camino, e non si mosse.

Allora la marchesa si voltò verso di lui, con un brusco

movimento che modellò le coperte sulla sua elegante figura di donna; si passò una mano piú bianca della batista che le cadeva lungo il braccio, sui folti capelli castani, e fissò in volto al marito i suoi grand'occhi scuri bene aperti.

Egli era ritto, immobile, serio – troppo serio per gli abiti che indossava – e avea tuttora un leggiero strato di polvere sui capelli e sul viso: dovea essere giovane, invecchiato anzitempo, pallido, biondo, elegante, alquanto calvo.

« Dovete parlarmi? » domandò la marchesa dopo un breve silenzio.

« Sí. »

« Sedete adunque. »

Egli volse un'occhiata sulle seggiole ed il canapè, ingombri di vesti e di arnesi muliebri, e rispose secco: « Grazie ».

« Vi chiedo scusa per la mia cameriera » disse la moglie arrossendo impercettibilmente.

Alberti inchinò appena il capo.

« Scusatemi piuttosto la mia visita importuna. Mi premeva di parlarvi... stasera. »

Cecilia gli lanciò uno sguardo rapido e penetrante, e domandò:

« Avete perduto? »

« Non ho giocato. »

« Vi battete...? »

« Sí. »

Ella impallidí.

« Tranquillizzatevi » soggiunse il marchese. « Non mi batto col conte Armandi. »

Ella si rizzò a sedere sul letto, rossa in viso, coi capelli sciolti, e il corsetto discinto: « Perché mi dite cotesto, ora? ».

« Perché il mio amico Armandi è spadaccino famoso, e avreste potuto essere inquieta per me. »

La donna rimase a fissarlo con straordinaria fermezza.

« Perché vi battete? »

Il marito sorrise – sorriso grottesco su quel viso impassibile – e rispose tranquillamente:

« Per voi. »

La marchesa si passò il fazzoletto sulle labbra.

« Galli aveva lo scilinguagnolo un po' sciolto, e pretendeva avervi vista al veglione, in dominò, nel palco del mio amico Armandi. »

« Eravate a cena? »

« Sí. »

« Ah, vi battete per un cattivo scherzo da *dessert*! » disse ella sorridendo amaramente.

Il marchese la guardò fiso. Poscia, coll'aria piú indifferente del mondo, prese un dominò ch'era sulla seggiola piú vicina, lo buttò sul canapè, e sedette di faccia a lei. « Perdonatemi » soggiunse; « non potevo lasciar calunniare mia moglie. »

Ella s'inchinò, troppo profondamente ed ironicamente forse, e perciò tutto il sangue le corse al viso:

« Tutti sanno che Galli è geloso di voi perché gli avete rubato l'Adalgisa! »

« Lo sapete anche voi? » rispose il marchese accavallando l'una gamba sull'altra.

« Scusatemi, debolezze di donne! » diss'ella un po' pallida, e cercando di sorridere.

« E di uomini, se volete » aggiunse il marito con galanteria.

Ci fu un istante di silenzio: ella giocherellava collo sparato del suo corsetto; egli dondolava la gamba posta a cavalcioni: evitavano di guardarsi.

« Ora, siccome vi confesso che mi preme di non rimetterci la pelle, e farò il possibile per evitarlo, domani sarò ben lontano di qua. »

Ella rialzò gli occhi su di lui, e ascoltava in silenzio.

« Desidero risparmiarvi tutti i piccoli disturbi della mia lontananza, e vorrei perciò regolare di comune accordo l'amministrazione della vostra dote... »

Cecilia non rispose.

« Vi lascerò procura affinché possiate riscuotere da per voi quella somma che crederete... »

« Starete via molto tempo? » interruppe bruscamente la marchesa.

« Non lo so io stesso... e se volete suggerirmi la cifra... »

« Fate voi. »

« Ma io... francamente... dividerei in parti eguali, come fra buoni amici. »

Ella, piú pallida del lenzuolo che la copriva, inchinò il capo.

Il marchese si alzò, accese un sigaro alla candela, e al momento di andarsene aggiunse, colla medesima aria di noncuranza:

« Rimarrebbe ad intenderci sull'educazione di Alberto, nel caso che la mia assenza si prolungasse indefinitamente; ma il meglio, mi pare, è di uniformarci alla prescrizione della legge. Voi vi occuperete di lui sino a' sette anni; dopo me ne incarico io. »

E volgeva diggià le spalle. « Come desiderate che sia educato vostro figlio sino ai sette anni? » domandò la marchesa con voce malferma.

Il marito si fermò su due piedi, e parve riflettere un istante. « Mah!... come vorrete... » aggiunse poscia. « Se vi dessi alcun suggerimento vi farei torto. Ed ora perdonatemi il disturbo, e buona notte. »

Cecilia rimase immobile, muta, pallida, cogli occhi fissi; ma nel momento in cui egli stava per passare l'uscio, esclamò, con accento improvviso e soffocato, come se tutto il sangue le fosse corso impetuosamente al cuore: « Sentite!... ». Egli si voltò. « Sentite!... » e le mancavano le parole. « Parlatemi francamente, in nome di Dio!... »

Egli vide le lagrime che luccicavano negli occhi della moglie senza batter ciglio. Istintivamente ella si arretrò, spaventata dallo sguardo freddo ed incisivo di quell'uomo che sembrava ricercare le angosce orribili di lei sin nelle pieghe piú riposte del suo cuore, per scrutarla con quel viso pallido e glaciale.

« Sembrami d'avervi detto abbastanza. Mi batto con Galli perché ha insultato la marchesa Alberti, e Armandi sarà il mio secondo. Parto per l'estero, vi lascio la metà della vostra rendita, il mio nome, ed il nostro Alberto sino ai sette anni. Ma il mio sigaro vi appesta la camera. Buona notte. »

Egli non si volse, ed ella non disse motto.

Passando dall'anticamera udí scampanellare nelle stanze della marchesa.

II

Il marchesino Alberti fu educato lontano da' suoi, alla spartana, nel collegio Cicognini. Il padre era morto fuori d'Italia, quasi senza averlo conosciuto. La marchesa, sempre giovane ed elegante, la piú bella toscana che fosse in Milano, andava a fargli visita una volta all'anno, quando c'erano le corse a Firenze, l'abbracciava, l'accarezzava, gli recava dei confetti, e rimontava in carrozza sorridente. Ella era stata colta da una pleurite, all'uscire dalla Scala, ed era morta prima che i suoi amici avessero tempo di far venire il figliuolo da Prato. Il povero orfanello aveva allora dodici anni e conservava religiosamente le poche lettere che il babbo gli aveva scritto, e le scatole dei confetti che la mamma gli aveva regalato. Una volta aveva chinato il capo, tutto vergognoso, allorché il suo amico Gemmati gli aveva detto: « O perché il tuo babbo non vien mai a vederti? ». Un'altra volta avea arrossito perché certi forestieri che visitavano il collegio avevano mostrato di conoscerlo come il *figliuolo della marchesa Alberti*, e poi aveva arrossito di avere arrossito. Sua madre non gli parlava mai del babbo. Di tutte coteste cose si rammentò piú tardi.

Le prime inquietudini del cuore gettarono nella sua mente il germe funesto dello esame.

A sedici anni Alberto era un giovinetto alto e delicato, coi capelli biondi, il profilo aristocratico, un po' freddo e duro, il pallore marmoreo del padre, e i grandi occhi azzurri, il sorriso affascinante e mobilissimo della madre – cuore aperto a due battenti, immaginazione vivace, affettuosa, ma inquieta, vagabonda, diremmo nervosa, ingegno piú acuto che penetrante, analitico per inquietudine e per debolezza di carattere – un *ingegno che vi sgusciava dalle mani ad ogni istante* – diceva il suo professore di filosofia – atto a fargli cercare la decomposizione dell'unità, o a dargli i peggiori guai della vita quando il cuore si fosse mescolato della bisogna. Egli aveva preso di buon'ora l'abitudine di pensare, come tutti i solitari. Piú tardi trovò un amico, Gemmati, pel quale ebbe tenerezze e gelosie d'amante, sino a tenergli il broncio quando seppe che sorrideva alla figliuola del barbiere che stava di faccia. Molto tempo dopo, e in circostanze assai diverse, mentre stava seduto accanto al fuoco, cogli occhi fissi sulla fiamma, e le labbra contratte sul sigaro spento, il ricordo di quella ridicola gelosia della sua infanzia gli balenò in mente colla strana bizzarria delle reminiscenze. Egli buttò il sigaro, e si alzò piú pallido ed accigliato di prima.

Aveva fatto tranquillamente i suoi studî in collegio sino a quell'età; era passato per le lingue, per i numeri, per l'analisi della parola e del pensiero; a sedici anni era diventato sognatore, fantastico, ipocondriaco, e sentí d'amare la prima volta, perché tutti i poeti parlavano d'amore. Allora, trionfante di mistero, mostrò di nascosto all'amico Gemmati i primi fiori vizzi che la cuginetta gli avea dato, o che egli le avea rubati: « Ami l'Adele? » gli domandò Gemmati ch'era anch'esso un po' parente della ragazza. « Sí! » rispose Alberto facendosi rosso. « O come? se non la vedi quasi mai? » « Quando penso a lei mi par d'impazzire, » ed era vero, ché le prestava tutte le amplificazioni della sua fantasia; ma allorché le stava accanto, una volta all'anno, rimaneva ingrullito vicino a quell'amante che gli proponeva di giocare a volano.

A venti anni egli uscí dal collegio piú bambino di quando c'era entrato; vuol dire con nessuna nozione esatta della vita, con molte fisime pel capo, e certi giudizi strampalati e preconcetti, nei quali si ostinava con cocciutaggine di uomo che pretenda conoscere il mondo dai libri. Il direttore del collegio fece trapelare tutte coteste brutte verità da una bella lettera che scrisse al signor Bartolomeo Forlani, il babbo dell'Adele, zio materno di Alberto, aggiungendo che il nipote non era riuscito a superare gli esami dell'ultimo anno, malgrado il suo bell'ingegno. Lo zio, che era tutore per soprammercato, e tornava giusto dal fare i conti col fattore del nipote, rispose ringraziando, come meglio sapeva e poteva, il signor direttore per l'ottima riuscita del giovanetto – una lettera che fece montare la mosca al naso al buon direttore – come se lo si volesse minchionare, e non era vero! — Scrisse anche al nipote, invitandolo a venire a Belmonte, nome della sua villa sulla montagna pistoiese, e andò tutto festante a prevenire la figliuola del prossimo arrivo del cuginetto, che il signor direttore scriveva essersi fatto un bel giovane, e pieno zeppo d'ingegno. La fanciulla, che non giocava piú a volano, arrossí; il babbo se ne avvide, aggiunse che, secondo gli ultimi affitti, i poderi del cugino rendevano trentaduemila lire di netto, e se ne andò fregandosi le mani.

A Belmonte si aspettava cotesto bel giovanetto, di cui il signor direttore diceva tanto bene, e che aveva trentaduemila lire di rendita.

III

Come Alberto aveva il suo amico Gemmati, Adele avea anche lei la sua amica di collegio, la contessina Manfredini, ch'era venuta a stare con lei per qualche settimana. Le due amiche passeggiavano sulla terrazza sovrastante alla via che menava alla villa, tenendosi abbracciate, ridendo e cinguettando come allegri uccelletti. Il sole tramontava dietro i monti che si disegnavano con una vaga trasparenza violetta sulle calde tinte dell'occidente; l'aria era imbalsamata da mille fragranze estive; una nebbia sottile si levava dal fondo della valle, dove si udiva mormorare il torrente; i buoi che c'erano stati a bere risalivano l'erta lentamente, brucando l'erba qua e là, e facendo risuonare di tanto in tanto i loro campanacci.

Le due fanciulle, silenziose da un pezzo, stavano appoggiate alla balaustrata della terrazza, e guardavano sbadatamente.

« Tuo cugino verrà stasera? »

« Sí. »

E dopo una breve pausa:

« È biondo tuo cugino? »

« Sí. »

« Alto? »

« Sí. »

« È bello? »

Adele sorrise e chinò il capo.

La sua amica si voltò verso di lei, la guardò in viso, e disse lentamente:

« L'ami? »

« Oh!... » esclamò Adele tirandosi bruscamente indietro e facendosi di fuoco.

Le parole hanno il valore che dà loro chi le ascolta. Tutta la verginità che c'era nel cuore della fanciulla sembrò trasalire a quella domanda. L'altra, ch'era di due o tre anni maggiore di lei, l'abbracciò strettamente, viso contro viso, cullandosi insieme a lei sulla ringhiera, con un movimento di grazia inimitabile, e le susurrò piano all'orecchio: « L'ami? ».

Ella si voltò all'improvviso, rossa come fiamma, e le stampò un bacio sulla guancia.

« Ed egli ti ama? »

Adele rispose senza alzare il capo: « Non lo so ».

« Eh, via! »

« Non me l'ha mai detto. »

« Certe cose non c'è bisogno di dirle. »

« O come si fa allora? »

L'altra la guardò ridendo: « Deve amarti moltissimo, perché sei carina davvero! »

« Come sei bella tu! » esclamò Adele, buttandole le braccia al collo.

Una carrozza s'avvicinava rapidamente; il bel giovanetto che c'era dentro levò, fra timido e sorridente, i grandi occhi azzurri verso la terrazza, fece un saluto un po' imbarazzato, volse uno sguardo festoso, e arrossí leggermente.

« Come s'è fatto grande! » esclamò sottovoce Adele, aggrappandosi, senza saper perché, al vestito della sua amica.

« È un bel giovane » disse costei.

« Aveva il sigaro in bocca, hai visto? »

« Non è elegante, ma ha un'aria distinta. È marchese, non è vero? »

« Sí, a momenti sarà qui. »

Velleda rizzò il capo con un movimento impercettibilmente altero, civettuolo e grazioso al tempo istesso, e si mise a frustare i ramoscelli piú bassi con una bacchetta che aveva in mano.

« Se fossi bella come te! » esclamò ingenuamente l'Adele, forse colpita da quel rapido coruscare della vanità, o forse rispondendo ai pensieri che le si affollavano in mente.

La sua amica era infatti una magnifica bionda, aristocratica e delicata beltà, modellata come una Venere, e leggiadra come un figurino di mode, dalle folte e morbide chiome cinerine, dai grand'occhi azzurri e dalle labbra rugiadose; sotto i suoi guanti grigi celava unghie d'acciaio, colorate di rosa; il suo stivalino sembrava animato da fremiti impazienti, e con quel suo tacco alto, con quella sua curva elegante, avea l'aria di gentile arroganza, come se sentisse di render beata l'erba che calpestava; il sorriso di lei era affascinante, lo sguardo profondo ed un po' altero, l'accento carezzevole, il vestito avea artificiose semplicità, e la blonda pudiche civetterie – ecco che cosa era quella fanciulla che frustava i ramoscelli con un virgulto di salcio, e che si chiamava Velleda, al modo stesso che era bionda, che era capricciosa, che era elegante, e che un bel fiore da stufa ha un bel nome straniero. Ella sembrava sopraffare la verginale leggiadria della sua amica col semplice portamento superbo del capo, o con un solo de' suoi sorrisi affascinanti. Adele era magrina, delicata, pallidetta, cosí bianca che sembrava diafana, e che le piú piccole vene trasparivano con vaga sfumatura azzurrina; avea grand'occhi turchini, folte trecce nere, mani candide e un po' troppo affusolate; il vento, innamorato, modellava le vesti sul suo corpiccino svelto e gentile come una statua d'Ebe; i movimenti di lei avevano certa elasticità carezzevole e felina; – accanto a ciò una timidità quasi selvaggia, un sorriso spensierato, e dei rossori improvvisi. Un conoscitore avrebbe indovinato nella leggiadria modesta e quasi infantile della fanciulla il prossimo sbocciare di una bellezza tale da rivaleggiare con quella della superba bionda; ma Alberto non era conoscitore, e allorché la cuginetta gli corse incontro stendendogli le mani e salutandolo col suo grazioso rossore, i capelli biondi, la veste di seta, e lo sguardo da regina dell'altra gli si gettarono, direi, alla testa, in un lampo. Povera Adele! se avesse potuto udire il ronzío di tutti quei calabroni inquieti che si destavano nella mente di Alberto, mentre ella credeva di fare una presentazione in regola, dicendo: « Mio cugino! » « La signorina Velleda! »

La signorina Velleda fece una bella riverenza da ballo, ed Alberto se ne rammentò scrivendo il giorno stesso all'amico Gemmati: "Se avessi visto con quanta grazia inchinandosi spingeva indietro il suo vestito!".

Velleda andava innanzi, giocherellando sempre colla sua bacchettina a mo' di frustino, un po' da bambina capricciosa, un po' da leggiadra civettuola. Allo svoltar d'un viale scomparve.

Adele, che chiacchierava col cugino, tutta giuliva, arrossí improvvisamente, ed Alberto se ne avvide.

« Che hai? » le domandò.

« Il babbo non sa nulla del tuo arrivo... cerco di vederlo. »

Il babbo li vedeva benissimo dalla sua finestra, e si fregava le mani.

Al rammentarsi dello zio il giovane si fe' scuro in viso, e pensò agli esami andati a monte. Ma lo zio, ch'era il miglior zio del mondo, abbracciò teneramente il nipote, come se costui non avesse delle palle nere sulla coscienza; anzi a tavola comparve un certo fiasco di vecchio chianti, di quel delle grandi occasioni, e se l'avessero lasciato fare, lo zio avrebbe fatto crepare il nipote di indigestione, per provargli la sua tenerezza. L'Adele fu ciarliera e taciturna a sproposito, la signorina Manfredini disinvolta e piena di brio, Alberto un po' imbarazzato, un po' distratto, e di quando in quando aveva certi assalti di allegria che gli montavano al viso, gli luccicavano negli occhi e si risolvevano in bizzarre effusioni di affetto per lo zio Bartolomeo.

« La bella luna! » esclamò Adele affacciandosi alla finestra. « O che non si va in giardino? »

Velleda, interrogata a quel modo, si mise a ridere.

« Vacci anche tu » disse lo zio ad Alberto, che non faceva le viste di muoversi.

« E lei, zio? »

« O cosa vuoi che venga a farci io? Ci ho il mio giornale da digerire. Vai pure. »

IV

Le due ragazze irruppero in giardino allegre e chiassose; la luna sembrava inondarle di un pallido chiarore, traeva dei riflessi turchinicci dai capelli di Adele, dava un che di vaporoso a quelli di Velleda, luccicava sulla seta, giocava colle ombre, frastagliavasi fra i cespugli, disegnava nettamente in bianco i viali; il cielo era terso, leggermente azzurro; le gaie voci e gli allegri scrosci di risa avevano cristalline sonorità.

« Sono stanca! » disse Adele lasciandosi andare su di un sedile, e raccolse la sua vesticciuola volgendosi verso di Alberto con un tacito invito; costui che chiacchierava spensieratamente tacque all'improvviso.

« Ho dimenticato il mio scialletto » disse Velleda con singolare vivacità.

« Andrò a prenderlo » rispose premuroso Alberto.

La ragazza non poté dissimulare un sorriso maliziosetto.

« Grazie, non s'incomodi » rispose, e partí correndo.

Adele s'era ritirata in là per far posto al cugino accanto a lei; ma egli si mise a passeggiare innanzi e indietro, gettando di tempo in tempo sguardi avidi e imbarazzati sul sedile.

« Vuoi metterti a sedere? » diss'ella.

« No... grazie... non ti comoda? »

« Che! »

Ella si mise a strappare le foglie del rosaio. Alberto accavallava ora una gamba ora l'altra, guardava gli alberi, il viale, la punta dei suoi stivali, e non sapeva che farsene delle mani.

« Mi permetti di fumare? » disse dopo un lungo silenzio, e come se avesse fatto una grande scoperta.

« Fai pure. »

Egli trionfante accese un sigaro, e si diede a buffare il fumo con enfasi.

« Ti dà noia il fumo? » le domandò.

« No » rispose Adele tossendo e fregandosi gli occhi.

E tacquero di nuovo.

« Bella sera! » esclamò finalmente Alberto col naso in aria.

« Bellissima. »

« E punta fredda! »

« Punta. »

« È un pezzo che non ci vediamo, sai! »

« Due anni. »

« È vero. »

Ella lo stava a guardare seria seria.

« Hai imparato a fumare! » gli disse finalmente con un sorriso, e come se gli confidasse un segreto che nascondeva da qualche tempo.

« Cosa vuoi, i vizi si imparano facilmente! » rispose Alberto con gravità.

« Però il sigaro ti sta bene! »

Ei la guardò nei grand'occhi turchini che luccicavano al chiaro di luna, chinò i suoi prestamente, e si soffiò il naso. Adele riduceva in pezzi minutissimi le foglie che avea strappato dal rosaio.

« Ma il tuo giardino è molto bello! » disse finalmente Alberto.

La giovanetta guardò attorno, come se vedesse quegli alberi per la prima volta, e rispose:

« Sí, molto bello. »

« Una delizia! »

« Una vera delizia. Quella fontana lí ce l'ho voluta io. »

« Davvero? »

« Sí, non è bellina? »

« Bellina tanto! »

« È tutta di marmo, sai! »

« Oh! »

« Il babbo non voleva, per via della spesa... »

« Deve aver costato parecchio! »

« Altro! Ma il babbo mi vuol tanto bene! »
« Oh! (in un altro tono). »
« E anche te, sai, ti vuol bene! »
Il dialogo che si reggeva sui trampoli, minacciò d'inciampare in quel sassolino.
« Ha detto che ti terrà qui sino a novembre » soggiunse Adele vedendo che il cugino stava zitto.
« Ma... »
« Ti rincresce? »
« No!... no...! »
« Non ti annoierai? »
Egli si volse, la guardò, poi si mise a scuotere col mignolo la cenere del sigaro. Adele rimase alquanto pensierosa, la povera bambina, e soggiunse, un po' trepidante: « Ci starai volentieri? »
« Figurati! »
« Anche Velleda ci starà sino a novembre. Che festa! »
Il cugino si sentí maledettamente ridicolo per non sapere metter fuori il piú meschino complimento.
« Ti piace la mia Velleda? » riprese Adele.
« A me?... »
« Non è bella? »
« Oh sí! »
« Anch'essa ha detto che sei un bel giovanotto. »
A quelle parole parve ad Alberto che la luna irradiasse di un'aureola l'Adelina.
« Anche te ti sei fatta bella!... » disse col coraggio della gratitudine.
« Davvero? »
« Davvero. »
Ella sorrise, chinò il capo, incrociò le pallide manine sulle ginocchia, e il raggio della luna sembrò farsi vermiglio sulle sue guance.
L'usignuolo cantava: passò un alito di venticello che fece stormire lievemente le foglie. Essi si sentivano l'uno accanto l'altra. Tutt'a un tratto la fanciulla scoppiò a ridere.
« Oggi volevo darti del *lei*, vedi!»
« O perché? »

« Perché ti sei fatto grande: avevo suggezione di te... ecco! »

« Oh! »

Ella si volse verso di lui, con un improvviso movimento d'espansione e d'abbandono – i sentimenti puri e le anime vergini hanno di codeste arditezze innocenti – ed egli si tirò in là modestamente.

« Ma se tu m'avessi dato del *lei* non te l'avrei perdonato mai! »

« Perché? »

« Perché... perché... non lo so il perché. »

Tacquero entrambi, e sentivano che quel silenzio li dominava. Alberto era tutto intento a fumare, e l'Adele a pungersi le mani sul rosaio. Si udiva il fruscío della sua veste ad ogni movimento di lei.

« L'ultima volta che partisti pel collegio pioveva, ti rammenti? »

« Sí, tu mi scrivesti per domandarmi come fossi arrivato. »

« Ti rammenti anche di codesto? »

« Ho ancora la lettera. »

« Davvero? » arrossí e volse il capo. « E Velleda che non ritorna! »

« Mi par di vederla laggiú. »

« Velleda! »

« Oh, siete ancora costà? » gridò Velleda da lontano.

« Parlavamo di te, sai! » esclamò Adele correndole incontro, e buttandole le braccia al collo le sussurrò qualcosa all'orecchio.

« Cattiva! » mormorò Velleda chinando il capo e facendosi rossa.

« Grulla! » borbottò il signor Bartolomeo quando lo seppe.

Alle undici tutti i lumi della villa erano, o sembravano, spenti. Alberto che stava alla finestra, come uno che abbia bisogno di mettersi in cuore tutta la serena bellezza di una notte estiva, credette di scorgere un fil di luce che trapelava fra le stecche della persiana di una finestra al pianterreno, di faccia alla sua. E si sporse in fuori per meglio vedere; ma la luce si fece all'improvviso piú viva, come pel dileguarsi di un'ombra frapposta, e si spense quasi subito.

V

Il domani, appena Alberto aprí la finestra e appoggiò i gomiti al davanzale, colla sua bella pipa di schiuma in bocca, udí chiamarsi per nome.

Volse gli occhi sotto il pergolato, e vide un fresco visetto e due begli occhi che gli sorridevano; la cuginetta stava cogliendo dei fiori da un arbusto alquanto piú alto di lei, e rizzavasi sulla punta dei piedi per far piegare i ramoscelli restii; le maniche del vestito le cadevano lungo le braccia un po' troppo delicate, ma bianche come alabastro; il piú gaio raggio di sole indorava quelle braccia e quel viso gentile.

« Buon dí, cugino! »

« Buon dí, cuginetta! »

« Son le nove, sa? »

« Lo so. »

« E non si vergogna? »

« O che fa lei costà, cosí mattiniera? »

« Lo vede, faccio dei mazzolini. »

« Per chi? »

« Pel babbo. »

« E poi? »

« Per Velleda. »

« E poi? »

« E poi... per chi se li merita. »

Egli alzò il naso in aria, mandò un grosso buffo di fumo, e disse:

« È una bella giornata. »

« Sí » rispose la fanciulla asciutto asciutto.

Adele andava e veniva fra gli alberi, chinandosi ad ogni istante sulle aiuole con una vivacità infantile e graziosa che era tutta sua. Alberto la guardava in silenzio. Di tanto in tanto ella pure guardava lui, cercando di non farsi scorgere, con una tal cera dispettosetta.

« Ha dormito bene? » domandò finalmente.

« Benissimo, grazie. »

« E vuol dormire ancora? »

« No... perché? »

« Vieni ad aiutarmi dunque! »

« Vengo subito, cuginetta. »

Vedendolo venire ella si diede un gran da fare per assortire i fiori, e il giovane sentí sfumare in un attimo la grande audacia con la quale le avea quasi chiesto un mazzolino.

« Il babbo è andato lassú, alla *Sassosa*, alla vigna. »

« Oh davvero? »

« Quest'anno avremo una famosa vendemmia! »

« Sí? »

« L'ha detto il fattore! »

« Lui può saperlo. »

« E il babbo è contento. Ti piace codesto fiore? » riprese poscia l'Adele saltando da un discorso ad un altro.

« Bellino! come si chiama? »

« Non rammento; è un nome forestiero. »

« Dev'esser un fior raro. »

Ella stava per rispondere, ma vide che il cugino guardava piú la mano che il fior raro, e arrossí.

« Che bella aiuola! » diss'egli per non farsi scorgere.

« Sai cosa c'era qui prima? la piazzetta dove noi si giocava a volano! Ti ricordi? »

« Com'è cambiato! »

« Anche tu sei cambiato! » rispose ella senza alzare gli occhi.

Ei rispose dopo un istante: « E anche tu! ».

E sorrisero entrambi.

« Andiamo a svegliare Velleda, la pigra! » disse Adele tutta rossa in viso.

Le finestre del pianterreno non erano molto alte dal suolo, ma la povera fanciulla si rizzò invano sulla punta dei suoi piedini: « Bussa tu » disse ad Alberto. Egli picchiò due colpetti timidi.

« Chi è? » si udí rispondere da una voce la quale aveva tuttora alcunché d'addormentato e di voluttuoso.

« Sono i miei fiori, che vengono a darti il buon giorno, dormigliona! »

Le stecche della persiana si schiusero alquanto; i raggi del sole vi s'insinuarono con una certa avidità e si disegnarono in strisce luminose su di una bella figura bianca, sul braccio roseo che si appoggiava al davanzale, sui capelli color d'oro, leggermente ondati, che cadevano mollemente sull'accappatoio. Velleda accostò il viso alla persiana, e si videro luccicare i suoi begli occhi; ma scorgendo Alberto, si tirò indietro bruscamente, e chiuse del tutto, dicendo: « Vengo subito ».

« Non lo vuoi? » domandò un po' crucciata l'Adele ad Alberto che rimaneva cogli occhi fissi sulla persiana chiusa, senza accorgersi del mazzolino che gli dava la cugina.

« Dunque me lo merito anch'io? » diss'egli sorridendo.

« Presuntuoso! »

Passando sotto la finestra del cugino, Adele alzò gli occhi e stette a guardarla.

« Vedi com'è bello quel gelsomino che s'arrampica sino al tuo davanzale? »

« Perché fai così tardi alla sera? » riprese dopo breve pausa.

« Come lo sai? » Ella arrossí.

« ...Me l'hanno detto » rispose.

Quel rossore fece dileguare in un lampo dalla mente di Alberto la leggiadra apparizione ch'egli avea scorto dietro la persiana e che luccicava ancora nel suo pensiero, come un raggio di sole irradiasi, anche dopo chiusa, nella pupilla che abbagliò. Egli levò gli occhi a quella finestra di faccia alla sua, dove la sera innanzi gli era sembrato veder del lume, esitò un istante, ma non aprí bocca. Sembravagli sentire tremare il braccio di lei, e che vaghi rossori fuggitivi le passassero, con una trasparenza alabastrina, sul bel viso che teneva chino, e sul collo delicato.

S'erano seduti sotto il pergolato. Ella gli parlava con quella dolce favella della fanciulla toscana che somiglia a cinguettío d'uccelletto; sorrideva, arrossiva, giocherellava cogli sgonfietti del suo vestito e colle foglie del pergolato; era tutta festante, e si voltava ad ogni momento per veder comparire Velleda che non veniva mai. Le ombre delle frondi sembravano accarezzarla alternando la luce sul suo viso; il venticello, di tanto in tanto, faceva strisciare leggermente il lembo della sua veste sui piedi di lui. Egli respirò con forza, quasi con voluttà, e sorrise; ella respirò del pari e sorrise.

« O perché? » gli domandò ancora sorridente.

« Sento allargarmisi i polmoni. »

« È l'aria montanina. »

« Come fa bene! »

« Non è vero! » e si tacquero.

« Ti piace la campagna? » riprese ella poco dopo.

« Sí. »

« Ci starai volentieri? »

« Volentierissimo. »

« A me piace tanto! » esclamò ella battendo le mani tutta sorriso.

« Ti piace stare a guardare la luna dalla finestra? » domandò tutt'a un tratto e bruscamente il cugino, come rispondendo ad un pensiero insistente.

« Sí... »

« Anche a me! » e divenne pensieroso.

« Non ti par di voler amare la luna? » riprese quindi con certi occhi che luccicavano singolarmente; « e che quella dolce luce ti piova sul viso come rugiada, e ti rinfreschi il sangue, e ti accarezzi le chiome, e che le stelle scintillino come occhi innamorati, e che il venticello notturno baci mormorando le foglie e i fiori, e che i fili d'erba si agitino in leggiadri abbracciamenti, e che i tuoi sguardi cerchino lassú, in quella pallida luce, gli sguardi della donna... cioè, tu, dell'uomo... »

S'imbrogliò, balbettò, l'enfasi sbollí, e tacque arrossendo. Essa non rispose; dapprima avea spalancato tanto d'occhi a quella sfuriata; poi avea chinato il capo, col viso di fiamma, s'era tirata un po' in là, e s'era sentito il cuore grosso di non so che sospiri.

« Andiamo a trovar Velleda? » disse dopo qualche momento, levando su di lui i begli occhi imbarazzati.

Ei la seguí. « Oh, il bel fiorellino! » esclamò la giovinetta; il cugino lo raccolse e glielo diede.

« Grazie! » diss'ella « ma anche il mio mazzolino è bello, non è vero? » e si mise a ridere. In quel momento erano giunti sotto la finestra di lei.

« È quella la tua finestra? » domandò Alberto con un lieve tremito nella voce.

« ...Sí... » rispose Adele. « Ecco Velleda, finalmente! »

E le si buttò fra le braccia, coprendola di baci; la prese per mano, e si mise a correre con lei.

« Perché corri cosí? » le domandò Velleda.

« Mi sento le ali » diss'ella « e vorrei volare! »

VI

Quella sera lo zio Bartolomeo ritornò tardi dalla *Sassosa*, non si parlò di passeggiate in giardino, e i lumi si spensero di buon'ora a villa Forlani. Alberto stette inutilmente delle ore parecchie alla finestra, sperando rivedere quel tal lume dietro quella tal persiana; ma la persiana rimase pudicamente chiusa, come stanno abbassate le lunghe ciglia di una vergine cui si parli d'amore. Sembravagli che quel filo di luce gli avrebbe irradiato il cuore di tutte le aureole che ci sono in una dolce confessione, che quella finestra chiusa stesse pensando a lui, e che dietro quelle imposte Adelina dovesse trasalire, come lui, allo stormire di quelle frondi che il venticello agitava mollemente, o che stesse arrossendo, sentendosi accarezzare il viso da quel medesimo profumo di gelsomini che carezzava il volto anche a lui. Dolci sogni dei vent'anni che le bufere della vita fanno svolazzare qualche volta sul cuore dell'uomo, persino quando il sorriso dello scetticismo gli ha già increspato le labbra.

Lo zio Forlani aveva messo in campo una gita alla *Sassosa*; i cavalli impazienti scuotevano le sonagliere, e le giovanette si facevano aspettare. Finalmente comparve Adele un po' pallida, e con un sorriso rugiadoso. Appena vide Alberto si fece rossa rossa.

« Buon dí, cugina! » Ella gli sorrise dolcemente, e gli porse la mano calda e febbrile.

« Sempre l'ultima! » disse ridendo Velleda, che scendeva di corsa infilandosi i guanti. « Il mio cappellino non voleva saperne di star fermo! Che hai? Come sei pallida! »

« Ho dormito male » rispose Adele tornando ad arrossire.

Alberto sentí balzarsi il cuore in petto.

Lo zio Bartolomeo sopraggiunse in tempo, come se avesse avuto l'intuizione delle situazioni delicate.

« Andiamo, figliuoli, che il sole è già alto. »

« Come sei bella oggi! » disse Velleda all'Adele, allorché furono sole.

Scorse in tal modo una settimana. Velleda sorprese piú volte la sua amica cogli occhi pieni di lagrime:

« O cos'hai? » le domandava.

« Nulla, ho il cuore troppo pieno. »

Lo zio Bartolomeo, da uomo che sa far le cose, avea preparato al nipote una grata sorpresa. La domenica successiva giunse da Pistoia anche Gemmati, e la sera ci fu gran veglia alla villa Forlani. Vennero dei vicini, il notaio Zucchi colla sua signora, ed altri tre o quattro. La serata scorse rapidamente in cosí bella compagnia; Alberto vicino al suo amico fu piú allegro del solito, ed anche chiassone; Gemmati era un bel giovanotto, tagliato un po' grossolanamente, ma gioviale spiritoso e simpatico; Velleda, che sapeva annoiarsi con garbo, come una signorina ammodo, pestò sul piano tutto quello che vollero; Adele fece vedere l'album alla signora Zucchi, e voltò le pagine a Velleda; Alberto l'aiutò di tanto in tanto, per avere il pretesto di starle vicino, di toccare la sua veste o la sua mano nel voltare i fogli; poi le tenne il broncio perché ell'era gaia e spensierata, non cercava di guardarlo negli occhi, discorreva col primo venuto, ed evitava che le loro mani s'incontrassero. Andò a sedere su di un canapè, rannuvolato in viso, e lanciandole di tempo in tempo occhiate di fuoco. L'Adele che vedeva tutto cotesto armeggío come lo vedono le ragazze, colla coda dell'occhio, se la godeva ch'era un gusto.

La signora Zucchi, che la pretendeva ad elegante di provincia, si dava un gran da fare per mostrarsi disinvolta, ed era sempre in moto, ora ad annoiare il signor Forlani che giocava a scacchi col notaio, ora ad interrompere Velleda mentre suonava, ora a far la bambina con Adele, o la civettuola con Gemmati. Finalmente si pose a sedere sul canapè dove era il marchesino, facendo mille moine per attirarsi l'attenzione del bel biondo, che se ne stava rincantucciato all'altra estremità del canapè, con un certo viso da far credere che fosse in collera colla signora Zucchi.

Uno dei vicini aveva recato una gran notizia: si aspettava *la contessa* in villa Armandi – la bella contessa Emilia – dicevasi.

« Non dev'esser piú giovanissima la bella contessa! » disse l'elegante signora Zucchi.

« Tutta Firenze parla di lei, e piú d'uno ha fatto delle pazzie... »

« Grazie tante!... » rispose la Zucchi assettandosi virtuosamente sul canapè. « Se non è che questo!... »

Il signor Forlani tossí; Velleda suonò un accordo fragoroso che non era segnato sulla carta, e Adele spalancò tanto d'occhi. Anche il notaio borbottò prudentemente: « Hum! hum! tutti i matti non sono all'ospedale!... ».

Velleda avea smesso di suonare; Gemmati stava a discorrere con lei sottovoce, ella l'ascoltava, sorridendo a fior di labbro qualche volta. Poi Gemmati s'era avvicinato all'Adele e s'era dato a parlare con lei.

Alberto sentiva non so qual dispetto, né sapeva egli stesso contro di chi; ma guardava di sottecchi la cugina che non si occupava di lui com'egli avrebbe voluto. Infine si alzò, e andò a mettersi accanto alla signorina Manfredini. Costei levò gli occhi dalle fotografie, lo fissò con sicurezza da regina, sí che dovette chinare gli occhi pel primo.

« È un simpatico giovane il suo amico » gli diss'ella.

« Simpatico assai. »

Ella si rimise a sfogliare l'album; il giovane cercò cogli occhi Gemmati, e lo vide presso il caminetto, discorrendo con Adele che rideva come una pazzerella. Egli si fece rosso e si mosse bruscamente per andarsene; ma invece d'infilare l'uscio ch'era dietro le sue spalle trovò piú corto di fare il giro del giardino per andare in camera sua, e dovette passare così vicino alla cugina da darle quasi uno spintone col gomito.

« Te ne vai? » gli domandò ella con sorpresa.

Ei rispose con accento da Otello: « Sí ».

« Perché? »

« Ho sonno » rispose bruscamente.

« Che bel giovane! » esclamò la signora Zucchi, non così piano da non farsi sentire dall'Adele, e osservandola con pettegola curiosità; la fanciulla, troppo ingenua per esser diffidente, si fece rossa di giubilo, seguitando a fissare l'uscio pel quale egli era partito.

« È il figliuolo della signora Cecilia? » domandò il notaio.

« Sí » rispose il signor Bartolomeo; « ha trentaduemila lire d'entrata in bei poderi. »

« E sí che il fu marchese!... »

« Ed anche la fu marchesa, pur troppo!... »

« Ma non parliamo dei morti. Quel ragazzo è stato fortunato di avere un parente che si occupasse dei suoi affari... Non faccio per dire, ma non avrebbe di che pagarsi nemmen la boria del marchesato. »

« Però non sembra punto allegro! » osservò la signora Zucchi.

« Cosa gli hai fatto? » susurrò Velleda all'orecchio di Adele.

« Io?... nulla, ti giuro! » rispose la fanciulla turbandosi.

Col cuore grosso ella andò a cercare il cugino che la fuggiva, e lo trovò sulla terrazza, appoggiato alla balaustrata.

« Cos'è stato? » gli domandò timidamente, mettendoglisi accanto come un'ombra.

« Ma nulla è stato! »

Ella non ebbe il coraggio d'insistere e tacque.

C'era accanto un ramoscello di gaggia in fiore; ne spiccò due o tre fiorellini, e glieli porse con atto gentile. Egli al sentirsi toccare dalla mano di lei trasalí.

« Conosci il significato della gaggia? » le domandò con un certo turbamento nella voce.

Adele si fece di bracia, e accennò negativamente col capo.

« Davvero? »

« Davvero! »

« Tanto meglio! » aggiuns'egli sorridendo.

La fanciulla scappò in casa, e corse all'orecchio di Velleda.

« Che significato ha la gaggia? » le domandò sottovoce, piú rossa della veste della signora Zucchi.

« Siamo di già a questi ferri?! » esclamò Velleda ridendo. « Vuol dire rottura... »

La giovinetta non volle udir altro, e tornò sulla terrazza trepidante. Il cugino teneva in mano un ramoscello di vainiglia fiorita.

« Vedi » le disse « io non son cattivo come te! » e le diede il fiore. Ella se lo mise in seno, e con grazioso e pudico ardimento, gli strappò dall'occhiello i fiori di gaggia, li buttò dalla terrazza, e fuggí. Alberto la vide, attraverso i vetri, passeggiare al braccio della sua amica; le due giovinette discorrevano sottovoce, e sorridevano di tanto in tanto. Tutt'a un tratto Adele si volse verso il balcone, e baciò il fiore che egli le aveva dato. Al giovane sembrò che quei vetri s'irradiassero di luce.

Sentivasi attratto verso di lei dall'incantesimo piú forte che avesse mai provato; ma ella sembrava evitarlo, lo guardava con un certo imbarazzo, quand'egli s'avvicinava a lei faceva istintivamente dei movimenti bruschi, come per fuggirsene, e rimaneva esitante, a guisa di un uccello spaurito che batte le ali. Tutto ciò la rendeva cosí bella che Alberto ne era affascinato; in quel momento tutte le attrattive della vita, della gioventú e dell'amore erano per lui in quel pallido visino e sotto quel modesto vestito grigio che tremava come le foglie agitate dalla brezza. Velleda era lí presso, bionda, elegante, graziosa, con tutto il fruscío della sua seta, col profumo chinese del suo fazzoletto ricamato – egli se ne avvide.

« Adele, desidero parlarti » le disse con voce tremante.

La fanciulla, un po' rassicurata nel vederlo cosí commosso, rispose ingenuamente:

« Andiamo in giardino. »

« No... stanotte, quando tutti saranno a dormire... Allorché sentirai picchiare tre colpi alla tua finestra... sarò io... »

Ella sorpresa stava per domandargli la ragione di tutti quei misteri che non capiva, quando Alberto la interruppe vivamente:

« Zitta! ci osservano! »

E tirò di lungo colla guardinga disinvoltura di un cospiratore di melodramma.

Velleda s'era fermata ad aggiustarsi un nastro, e lo zio Bartolomeo in quell'istante era tutto intento a far vedere ai suoi ospiti che la sera era bellissima.

Alberto afferrò Gemmati per mano, al momento in cui stava per ritirarsi nella sua camera, e lo condusse seco in giardino.

« Stanotte le parlerò! » gli disse all'orecchio con voce soffocata.

Gemmati si fermò a guardarlo sorpreso, e gli rispose dolcemente:

« Perché cotesta pazzia? Non la vedi sempre? Non puoi parlarle quando vuoi? »

« No!... non è la stessa cosa... Tu non mi intendi... non puoi intendermi... non l'ami come io l'amo... L'hai vista? Com'è bella! non è vero? »

« Sí, è un angioletto. »

« Anche la Velleda è bella... forse piú bella... in modo diverso... Tutti lo dicono... e alcune volte, vedendole l'una accanto all'altra, anche io... Ma perché sembrami piú bella l'Adelina? »

« Perché l'ami. »

« E perché devo amar lei e non Velleda, che è bella per lo meno quanto lei? »

« To! perché ella ti ama. »

VII

Il tocco era suonato da un pezzo quando Alberto aprí la sua finestra – ora deliziosa che precedeva il primo appuntamento, ora piena di agitazione voluttuosa e di ansia inesplicabile. La finestra di Adele era chiusa: che fisonomia singolare avea quella finestra buia, e come lo guardava! Egli esitò alcuni istanti, come ogni Cesare che stia per passare un Rubicone; poi saltò sull'erba col cuore di un ladro che scassina per la prima volta un uscio. Il silenzio era profondo, e il giovane non aveva fatto il menomo rumore cadendo sulla punta dei piedi. Le frondi del pergolato stormivano appena. Egli si fermò, inquieto, guardando attorno, coll'orecchio teso, come se i menomi rumori venissero dallo zio che stesse soffiandosi il naso e prendendo tabacco. Poi si avanzò a passi di lupo fin sotto la finestra della cugina. Trattavasi adesso di picchiare quei tre famosi colpi, promessi quando ci volevano ancora due ore per picchiarli, quando il cuore, sotto gli occhi di lei, picchiava piú forte, e il chiacchierío che regnava nel salotto faceva supporre che non si sarebbero quasi uditi. Tutta la poesia dei romanzeschi convegni, delle scale di seta e dei segnali misteriosi, sfumò dinanzi al timore di udir tossire lo zio Forlani. Sentí di aver paura, e poi cotesta confessione che dovette farsi gli infuse coraggio. Allorché bussò leggermente alla finestra, gli parve di aver destato tutti gli echi della montagna e tutti gli zii del mondo.

Quanti palpiti in quel minuto che la finestra indugiò ad aprirsi! Quanti palpiti allorché l'udí schiudersi pian pianino con una circospezione che confessava il peccato ad alta voce! Una striscia luminosa si disegnò sull'erba dell'aiuola, e la leggiadra testolina di Adele si mostrò timidamente. Essa tremava un po'; la luna che si era levata tardi, illuminava il muro di contro e riverberava un barlume livido e dolce sul candido viso di lei, che sorrideva con ineffabile imbarazzo, e guardava qua e là, senza osare di fissare gli occhi su di lui. Certamente si erano detto abbastanza; ma il cugino, messo alle strette da quel silenzio eloquente, incominciò:

« Come sei buona, Adele! »

Ella spalancò i suoi occhioni, e domandò con graziosa ingenuità:

« O perché? »

« Perché hai accondisceso... »

« Non me lo domandasti tu?... »

« Sí... ma a quest'ora dormiresti... ed invece io... »
L'Adele fece certo sorrisetto e rispose:
«No, non aveva sonno... Non ho sonno da parecchie notti. »
« Da quando?... »
« Sa che è molto curioso, signor cugino! » gli diss'ella dopo un istante d'esitazione.

Il cugino, senza aprir bocca, la guardò per la prima volta negli occhi coll'amore dell'uomo. Ella abbassò i suoi e non rise piú.

« Sei ben sicuro che dorman tutti? » gli domandò poco dopo, rispondendo senza saperlo a quello sguardo.

« Sí, da piú di un'ora non si vede un sol lume. »

Ella ritirò bruscamente la sua mano. Successe un silenzio che le diede animo e la fece sorridere: « Ebbene » gli domandò « son qua, che cosa devi dirmi? »

« Volevo... desideravo chiederti scusa. »
« Di che? »
« Sono stato cattivo... »
Ella scosse il capo lentamente: « No ».
Alberto avrebbe preferito dei rimproveri, onde aver agio di menare il can per l'aia. Non seppe piú che dire, e rimase imbarazzato.

« Senti l'usignolo? »
« No, è il passero solitario. »
« Che notte deliziosa! »
Ella non rispose.
« A che pensi? »
« A nulla. »
« Non ti senti felice? »
« ... Sí! »
« Che ora è? » domandò la fanciulla dopo alcuni istanti, come se si svegliasse.

« Sarà il tocco e mezzo... »
« È tardi, sai! »
« Vuoi andartene? »
« Sí » e non si muoveva.
« Perché hai detto che sei stato cattivo? » gli domandò sorridendo cheta cheta.

« Perché... è inutile adesso che te lo dica... tu mi hai perdonato! »

E pose un sospirone per punto.

Ella si mise a guardar la luna, dicendole tante cose cogli occhi.

Poscia vivamente, come trasalendo:

« Addio! addio! È tardi, buona sera! »

« Adele!... » esclamò Alberto mentre ella stava per chiudere la finestra. « Adele! » Ella si affacciò di nuovo, ma tutta tremante, quasi avesse udito tutt'altro accento nella voce di lui. Egli esitava. – Allora la fanciulla gli fissò in volto gli occhi lucenti. – Il giovane sentí tutti i pudichi ardimenti, tutte le avide reticenze che ci erano in quello sguardo di vergine, e disse: « Vi amo! ecco quello che volevo dirvi! ».

Adele divenne bianca udendo quella parola che aspettava da un'ora.

« Perdonatemi » riprese Alberto turbato dal silenzio di lei. « Vi è dispiaciuto che ve l'abbia detto? Perdonatemi, Adele! Ma parlate, ditemi almeno una sola parola, per l'amor di Dio. »

« Perché mi date del voi?... » mormorò la fanciulla con un fil di voce.

« Ah! come sei buona, Adele! Sei buona quanto sei bella! Vedi, a darti del tu adesso sembrami una delizia! Tu non sapevi nulla! Non ti sei mai accorta di nulla! Ti amavo da lungo tempo, sai! Sin da quando ero in collegio; ma dacché ti son vicino ti amo come... non saprei dirtelo io stesso... Mentre ti parlo, ora, sembrami che il cuore stia per scapparmi dal petto... Vorrei... »

La fanciulla lasciò cadergli fra le mani il ramoscello di vainiglia che s'era messo in seno. Alberto afferrò quelle manine, e gliele baciò con ardore.

« Come sei bella! » esclamò guardandola con occhi innamorati. « Quanto ti amo! »

Infatti ella era proprio bella in quel momento; l'amore irradiavasi come una specie d'aureola dal rossore che la copriva, dal suo sorriso incerto e pudico, dai suoi occhi chini. C'era tanta luce in quegli occhi, che allorché li fissò in volto ad Alberto parvegli che due stelle lo abbagliassero.

Ei le parlava concitato, con quel primo irrompere dell'amore che avea vagato sino a quel giorno fra le nebulose dell'immaginazione. Le diceva di quel che sentivasi in cuore, di quel che avea fatto, degli anni passati in collegio, delle timide gioie, delle amarezze soffocate, della madre che avea perduta – come ella avea perduta la sua – di quella prima sera in cui s'era messo a sedere accanto a lei, di quel che aveva visto nella tremola luce delle stelle, irradiazione di mondi sconosciuti, di quel vago sentimento di un *noi* sparso per tutto il creato, di quelle aspirazioni eteree verso una parola senza voce umana, che s'erano concentrati in lei, e che gli inondavano il cuore, tutti in una volta, al semplice contatto della sua veste. Si sentiva immensamente felice: era la prima volta che parlava d'amore, e che una fanciulla stava ad ascoltarlo. – Ella ascoltava avidamente, infatti; o piuttosto beveva l'amore vergine ed entusiasta del giovane nello scintillare dei suoi occhi, e nelle vibrazioni appassionate della sua voce. Le sue povere manine tremavano come foglie nelle mani di lui. « Mi ami? » le diss'egli con uno di quegli accenti che penetrano sino in fondo al cuore. Ella accennò di sí col capo due o tre volte, senza osar di guardarlo.

« E non amerai altri che me? »

La giovinetta lo fissò collo sguardo limpido e franco della vergine, e rispose con ingenua meraviglia:

« Potresti amare un'altra, tu? »

« No... no!... »

« O dunque? »

Ei rimase un istante pensieroso.

« E m'amerai sempre cosí? »

« Sempre, e insegnerò ai tuoi figli ad amarti cosí! » rispose la fanciulla con sublime candore.

Alberto tacque, si fe' scuro in viso, ed evitò di guardarla. Aveva sentito come una trafittura. La schietta rivelazione del casto istinto materno che rivelavasi negli occhi sereni e nell'ingenuo sorriso della vergine, sconvolgeva l'artificiosa poesia del suo cuore, lo faceva precipitare dagli astri fra i quali libravasi, e lo faceva pensare.

« Cos'hai? » gli domandò Adele, che lo vide rannuvolato.

« Ho che voglio essere amato da te, e non dai miei figli! » rispose sfogando come poteva il suo malumore. « Ho che amo te, e non... Ho che ti amo, perché ti amo... senza pensare ad altro... Amami cosí, Adele! Amiamoci per amarci... perché altrimenti... sai... »

« Che cosa? »

« Potremmo dubitare di noi medesimi... delle nostre intenzioni... potremmo dubitare del nostro amore... »

Giusto quando Alberto stava per sciorinare tutta la sua teoria dell'amore puro, poetico e senza figliuoli, si udí tossire alla finestra di sopra, ch'era quella dello zio Bartolomeo. Adele scappò come una cerbiatta spaventata; Alberto si fece piccin piccino, e sgattaiolò rasente al muro. Ci volle una buona mezz'ora prima di decidersi a rientrare per la finestra, dopo essersi assicurato che non si udiva fiatare anima viva, e che la finestra dello zio era proprio chiusa. Però fu tormentato tutta la notte dal dubbio, combinato colla tosse dello zio, che quella tal persiana non fosse stata sempre socchiusa, come l'avea vista rientrando – e di vento non ne avea tirato una maledetta in tutta la sera. Il giorno dopo avrebbe voluto trovarsi cento miglia lontano piuttosto che comparire al cospetto del terribile zio.

Verso le otto stava per svignarsela bel bello, col pretesto d'andare a caccia, quando il domestico venne a cercarlo giusto da parte dello zio.

« Vengo subito » rispose il nipote, che sarebbe andato piú volentieri al diavolo.

VIII

Al veder la faccia patriarcale e il sorriso giovialone dello zio, il giovanotto si sentí meglio, e cercò di sorridere anche lui. Lo zio aveva un monte di scartafacci sul tavolino, e gli occhiali sul naso.

« Stavi per andare a caccia? » domandò amichevolmente.
« Sí, caro zio » balbettò il giovane con tenerezza.
« Scusami, ma ho a farti un discorso serio. »
Alberto sentí che si faceva piccino di nuovo. Gli occhiali dello zio gli abbacinavano la vista.
« Ma mi sbrigherò in un *fiat* » riprese il signor Bartolomeo. « Ho messo tutto in ordine da un mese. Non avrai che a gettare gli occhi sui conti, e spero che sarai contento di me. »
Alberto respirò liberamente, e rispose ch'era contentissimo.
« Vedrai che ordine! che esattezza scrupolosa! Se avessi amministrato sempre io a quest'ora saresti... Basta! dei morti non si parla. Cotesti son atti di gabella... le spese... i bilanci... il rendiconto della tutela... Stammi a sentire. »
« Ma zio mio!... le pare!... »
« No, no, figliuolo mio... Sono affari delicati questi... Ci son di mezzo io... Si tratta di tutela...! »
Alberto, che non capiva nulla di nulla, e che aveva in corpo per giunta il rimorso di quella tal magagnetta della notte scorsa, perdette intieramente la testa soltanto a gettare gli occhi su quelle lunghe filze di cifre, e si lasciò trascinare pei capelli in un laberinto di dare ed avere, riscossioni, pagamenti, bonificazioni, atti giudiziari, spese diverse, ecc., approvando del capo, o sfogandosi in proteste di fiducia e di gratitudine. Dopo un par d'ore di quel supplizio venne a sapere che lo zio Bartolomeo, sulle trentaduemila lire d'entrata, avea fatto, durante la sua tutela, una economia di lire 5876 e 97 centesimi – oltre le tutte spese e la pensione pagata regolarmente al collegio Cicognini – delle quali 5876 lire e 97 centesimi avea mandato al nipote 2000 lire, quando era ancora a Prato, e senza parlare di un rigo di ricevuta, e le rimanenti lire 3876,97 le consegnava al momento. Ben inteso senza voler sentire nemmeno discorrere d'indennità – diamine! non era del medesimo sangue per nulla! Alberto gli rammentava al vivo la sua povera Cecilia! Anzi non volle neppur restituiti i tre centesimi d'avanzo.

Il nipote, malgrado la sua inesperienza, sentiva vagamente che i ringraziamenti gli venivano stentati, e che si ricordava della tosse significativa della notte scorsa.

« Adesso, per la vita e per la morte, è bene mettersi in regola per via di notaio con una buona quietanza. »

Alberto non fiatò, e sottoscrisse tutto quello che lo zio e il signor Zucchi gli misero sotto la mano.

IX

Gemmati era andato a Pistoia per un par di giorni. Alberto l'aveva accompagnato per un tratto di strada; poi era ritornato a piedi, per le scorciatoie che s'arrampicavano su per l'erta fiancheggiate da siepi fiorite. La viottola sbucava sulla strada carrozzabile, a pochi passi, in mezzo ai folti che continuavano a salire col monticello. Le due ragazze stavano per mettervi il piede quand'egli arrivò dall'altra parte della strada maestra; si voltarono al rumore dei suoi passi, e misero un *oh!* prolungato.

« Vi ho fatto paura? »

« Paura di che? » disse Velleda.

« Sí, ci hai fatto paura » rispose ridendo l'Adele.

« Volete che vi accompagni? »

« Dove andremo? »

« Ma... dove vuoi » rispose Velleda all'interrogazione dell'amica.

« Se tornassimo a casa ?»

La signorina Manfredini non fece alcuna osservazione; si voltò indietro, e incominciò a camminare verso il cancello, appoggiandosi all'ombrellino, con quell'altera indifferenza che l'avea fatta soprannominare la *principessa*.

« Sai, non è stato nulla! » disse al cugino Adele, senza osar di guardarlo.

Velleda li precedeva senza affettazione pel gran viale del giardino, voltandosi di tanto in tanto per fare una interrogazione, o fermandosi per raccogliere col medesimo interesse un fiore o un filo d'erba. I due cugini la seguivano l'uno accanto all'altra, chiacchierando fra di loro, ma senza darsi il braccio. L'Adelina era un po' pallida, aveva certi rossori fuggitivi, certi impeti d'allegria, come una pienezza di vita che si fosse concentrata nel cuore. Andava lentamente, quasi fosse stanca, con certa mollezza carezzevole, rispondeva a lui con voce piena di una dolce sonorità, e gli sorrideva senza alzare gli occhi, con un sorriso velato.

Entrando nel salotto Velleda sprigionò i suoi magnifici capelli biondi, togliendosi il largo cappello di paglia, e vi rovesciò tutto quel mucchio d'erbe e di fiori che si teneva in grembo.

« Cosa vuoi farne? » le domandò Adele.

« Il piú bel mazzo, vedrai! »

Appena rimasero soli il cugino prese la mano della giovinetta, e le disse: « Come sei bella! ». Ella gli sorrise senza alzare gli occhi.

Il sole faceva scintillare i vetri della finestra, e inondava di atomi dorati il viso della fanciulla. Ella lavorava in silenzio, col capo chino sul ricamo, e le sue mani, che si affaticavano con febbrile impazienza, dicevano al giovane amato tutte quelle cose che le labbra tacevano. – Essi si parlavano da mezz'ora senza aprir bocca – lui cogli sguardi che la giovinetta si sentiva posare sui capelli come un bacio – ella con quel silenzio, cogli improvvisi rossori che passavano sulla nuca delicata, e col lieve tremito delle mani.

« Adele! » mormorò alfine Alberto con voce appena intelligibile. Ella trasalí. « Sei in collera con me? » Essa cercò due o tre volte il buco del canovaccio dove infilar l'ago, e balbettò:

« Perché? »

« Perché non mi dici nulla... »

« Sto ad ascoltarti » rispose ingenuamente la fanciulla.

« Mi ami? »

Adele abbassò il capo sin quasi a toccare il lavoro che avea fra le mani, e il sangue le corse come una vampa in tutte le vene.

« Dammi qualcosa di tuo!... »

« Non ho nulla!... »

Il cugino prese la forbicetta: ella se ne avvide, impallidí leggermente, smesse di lavorare, ed attese, a capo chino, trepidante. Ei prese un ricciolino di quei che le svolazzavano sul collo, e lo recise.

« Ahi! » esclamò la poveretta, di cui le mani tremavano forte.

« Ti ho fatto male? »

« ...No... mi son punto un dito... »

Trascorsero parecchi giorni di gioie tumultuose, nascoste in due mani che s'incontravano per caso, e di sospiri riboccanti di felicità, di rossori provocanti e di pudiche audacie, di mostruose dissimulazioni, che avrebbero aperto gli occhi anche ad un cieco, e di sotterfugi abilissimi, che nessuno faceva le viste d'indovinare, – cercandosi cogli occhi, parlandosi colle mani, accarezzandosi col suono della voce, respirando l'amore e l'amante coll'aria, col profumo dei fiori, col raggio del sole, e col canto degli uccelli. Velleda, quasi fosse sola a vederci chiaro, si faceva vedere il meno possibile. Gemmati era a Pistoia, lo zio Bartolomeo si fregava le mani guardando il bel tempo che favoriva l'ubertosa vendemmia. Era un paradiso. – Al giovane innamorato sembrava di vivere in un'estasi deliziosa, che non era priva di voluttà, voluttà sottile, quasi eterea, che gli ricercava squisitamente le fibre piú riposte, e gli centuplicava il piacere di certe sensazioni. Il suo cuore vi si abbandonava mollemente; ei non desiderava dippiú, non avrebbe osato cercare piú in là: tutte le larve gioconde che avevano popolato i suoi sogni giovanili, la donna, l'amore, la felicità, erano riunite in lei, nel suo sorriso, nella sua voce, nelle carezze di quella vesticciuola che s'increspava un po' troppo sul petto e sugli omeri delicati. Allorquando lo strascico superbo di Velleda frusciava sul tappeto vicino a lui, o le sue chiome folte gli accarezzavano gli sguardi col loro bel biondo, egli guardava con piacere, come se quell'altra bellezza invece di essere una sottrazione alle attrattive di Adele, ne facesse parte, appartenesse anch'essa alla donna amata... o al suo amore.

Del resto egli vedeva di rado Velleda, all'infuori dell'ora di pranzo, e della sera – non sempre però. Alcuni giorni dopo l'incontrò in giardino per la prima volta sola, colla larga manica svolazzante sul braccio, il viso colorito dei rosei riflessi dell'ombrellino, lo sguardo vagabondo, l'andatura graziosamente indolente. Ella si fermò su due piedi, gli stese la destra, e gli disse con una sicurezza di frase e d'intonazione che parve pesare come una mano vigorosa sulla spalla di lui:

« E Adele? »

« Non l'ho ancor vista. »

Ella sorrise come sapeva sorridere alcune volte, e disse: « Ooooh!... » Alberto arrossí per timore di farsi rosso.

« La troveremo forse sulla terrazza, dove il signor Forlani sta facendo collocar dei vasi di fiori » soggiunse. « Vuole accompagnarmi? »

E andarono pel viale, l'uno accanto all'altra. Le leggere balzane del vestito di lei sussurravano sugli stivalini di pelle lucida.

« Le piace la campagna? » incominciò Alberto dopo alcuni passi.

« Tanto! »

« Ci fa delle lunghe passeggiate? »

« Sí. »

« Non si vede quasi mai la mattina! »

Ella si voltò a guardarlo, con una sfumatura di sorpresa, e inchinò leggermente il capo, un po' ironica.

« Prima eravamo in due a correr pel giardino » soggiunse tosto come a scancellare l'effetto del suo saluto. « Ma adesso l'Adele è sempre stanca. »

« E non si annoia ad andar da sola? » si affrettò a rispondere Alberto.

« Perché dovrei annoiarmi? »

« È pur vero che alle volte si preferisce stare in compagnia dei propri pensieri... »

« Che pensieri? » interruppe Velleda bruscamente, fissandogli gli occhi in viso.

Essi rimasero un istante a guardarsi in tal modo.

Lo zio Bartolomeo, che stava lí presso, gridò, come se avesse indovinato la situazione scabrosa:

« Ehi, ragazzo, chi vuol vedere la bella carrozza? Correte sulla terrazza. »

Passò infatti un cocchio superbo, luccicante di vernice, di stemmi dorati, di livree gallonate, di campanelli, adorno di nastri e di fiori, alle testiere dei cavalli e agli occhielli dei postiglioni; i razzi delle ruote brillavano al sole come rapide ali di uccello; un sottil velo di polvere avvolgeva il legno elegante, imbottito di seta come un elegante scatolino, e la bella signora che vi stava mezzo sdraiata, appoggiando i piedi al sedile di faccia, con posa indolente, in mezzo ad una nuvola di mussolina fresca e leggiera come il tulle; il velo azzurro del suo cappellino svolazzava su tutto quell'assieme leggiadro.

« La bella signora! » esclamò ingenuamente Adelina che era venuta correndo.

« È la contessa Armandi » disse Velleda.

Alberto l'aveva seguita con un lungo sguardo.

Tornarono indietro pel desinare, e lo zio andava innanzi piú lesto degli altri, dicendo che avea fame. Di tanto in tanto Alberto rimaneva pensieroso, e non rispondeva subito, o rispondeva a sproposito alle interrogazioni e ai discorsi delle due ragazze, che sembravano festanti tutt'e due. A tavola parlò due o tre volte della contessa Armandi e dopo desinare andò a fumare in giardino.

Si sentiva gonfiare in petto i germi di tutte le forme dell'amore, come un rigoglio di vita, come acri fiori di giovinezza: era uno strano miscuglio degli occhi turchini di Adele, del suo sorriso pudico, e delle lusinghe, dei biondi capelli di Velleda, della sua elegante civetteria – piú in là, fra le nuvole azzurre e purpuree dell'avvenire, ondeggiava vagamente la larva di un altro amore nebuloso come la mussolina che modellava il bel corpo della contessa Armandi, sdraiata mollemente nella carrozza come in un letto. – Tutti cotesti fantasmi gli turbinavano confusamente nella mente, gli scorrevano per le vene col sangue acceso di febbre. – Quel fanciullo che cominciava a sentir la donna aveva bisogno di piangere.

X

Allora fu recato in villa un invito pel ballo della contessa Armandi.

Andarono in una magnifica sera d'autunno. Le siepi fiorite esalavano vigorosi profumi; le sonagliere dei cavalli avevano un non so che di festoso; le fruste dei postiglioni scoppiettavano allegramente; l'ultima squilla dell'*avemaria* moriva in lontananza, coll'ultimo raggio di sole che colorava di tinte opaline uno strappo di cielo. Poi venne la notte, tacita, stellata.

Il giardino della villa Armandi era illuminato, la scala adorna di fiori, tutte le finestre brillavano come le lenti di una lanterna magica. – Alberto guardava avidamente – attraverso un'iride di tappezzerie, di colori, di dorature e di specchi, vedevasi un via vai di gente in festa; nelle sale olezzavano profumi soavi, brillavano gemme superbe ed occhi vellutati, c'era una carezza di musica, di frasi leggiadre e di raso che frusciava – e in mezzo a tutto questo una donna piú bella, piú elegante di tutte le altre, che si chiamava la contessa Armandi.

Era una delicata bellezza: l'occhio nero, superbo, profondamente e voluttuosamente solcato, l'andatura, la voce ed il gesto molli, gli omeri candidi e profumati come le foglie di magnolia, ondulati in linee pure, carezzate dalle trecce nere ed elastiche, il seno squisitamente modellato nell'avorio, marmorizzato da sfumature azzurrine, vaporoso pei veli ricamati, lo strascico della veste susurrante in modo carezzevole dietro di lei, la punta dello scarpino di raso che luccicava di tanto in tanto come una lingua serpentina, la fronte altera e il sorriso affascinante. – Ella aveva quarant'anni.

Allorché si trovarono faccia a faccia con Velleda, coteste due donne leggiadre in modo diverso, scambiarono un'occhiata che avrebbe potuto dirsi il luccicare di due spade da duellanti, mentre s'inchinavano graziosamente. – La contessa sorrise all'Adele, al signor Forlani, e si voltò a guardarlo mentr'egli si allontanava.

Tutti gli sguardi seguivano la signorina Manfredini; sembrava infatti che le grazie della sua persona sorridessero trovandosi nel proprio elemento; nella sua elegante disinvoltura c'era un che d'impaziente, di avido, di febbrile, che luccicava nei suoi occhi, e dilatavasi colle rosse narici, mentre ella agitava il ventaglio chinese. Anche Alberto sorprese sé stesso a seguire la direzione di tutti gli sguardi, e fissava lungamente la contessina – poscia, inquieto, cercò cogli occhi l'Adele.

Velleda stava presso il pianoforte circondata dai piú eleganti giovanotti, come una cerbiatta attorniata da una muta di cani; ma la cerbiatta teneva testa da tutte le parti, col brio, col sorriso, con una parola, con un gesto, spiritosa, caustica, leggiadra e impertinente. Due o tre volte volse a caso gli occhi su di Alberto, e ad un tratto gli fece segno col ventaglio di avvicinarsi; prese il braccio di lui e si allontanò.

« Non ne potevo piú! » disse ridendo.

Il povero giovane si sentí tutto sossopra.

« È naturale che tutti le facciano la corte... » balbettò.

« Vorrebbe farmela anche lei? » diss'ella con un accento e un sorriso singolari.

Alberto ammutolí, e a lei il sorriso morí sulle labbra.

Passeggiarono lentamente per le sale, ella battendo col ventaglio il tempo di un valzer che suonavano.

« Com'è bello! » esclamò Alberto.

« È Strauss, » rispose ella distratta.

« O perché non si balla un giro? »

« A proposito della corte? » diss'ella sorridendo.

Alberto volle sorridere colla medesima disinvoltura, ma ci riescí assai male.

« Ebbene... » disse « sí! »

« No! » rispose ella col medesimo tono, ma un po' piú recisamente.

Il giovane insistette con insolito calore; ella diveniva piú capricciosa e piú ostinata, scuoteva il capo con certa grazia risoluta, e mordevasi le labbra con certo sorrisetto malizioso, appoggiando le spalle allo stipite di una finestra e stringendo il ventaglio nelle mani. Di tanto in tanto, quasi non se ne avvedesse, raggi seduttori le scappavano dagli occhi. Ad un tratto, senza dir nulla, mentre sembrava piú ferma nel rifiuto, appoggiò mollemente il braccio alla spalla di lui, e si lasciò andare.

Essa ballava in modo singolare, un po' diritta, col capo alto, e il braccio disteso. Di tanto in tanto gli diceva qualche parola senza importanza, o scuoteva con grazia inimitabile la sua bionda testolina. Si fermò all'improvviso, un po' rossa, un po' smarrita, svincolò con impazienza impercettibile la mano che ancora egli le teneva, gli lanciò a bruciapelo uno sguardo singolare, viso contro viso, e impallidí leggermente.

« Non ballo piú » gli disse « sono stanca. »

La contessa Armandi era lí presso ed esclamò:

« Che bella coppia! »

Velleda rispose con un grazioso inchino. Alberto, passando accanto a uno specchio, vi gettò uno sguardo e poscia arrossí di averlo fatto; ma nello specchio sorprese due grandi occhi che lo seguivano amorosamente dal fondo di un canapè. Andò verso la povera Adelina, la quale se ne stava modestamente rannicchiata fra due mamme, e sembrò rianimarsi come lo vide venire e gli sorrise cogli occhi.

« Non balli? » domandò il cugino, allorché furono soli.

« Non mi hai invitato a ballare! » rispose Adele timidamente carezzevole.

« Ci son tanti giovanotti...! »

« Non voglio ballare cogli altri... »

« Perché? »

« Perché... perché... perché non voglio. »

Ei chinò il capo, tuttora bollente del soffio che Velleda vi aveva gettato, e si allontanò soprapensiero. Stava da qualche tempo nel vano di una finestra, colla fronte sui vetri, guardando nel buio, allorquando udí un fruscío di vesti vicino a lui, e si trovò accanto la contessa Armandi.

« Non balla il *cotillon*?... » gli domandò.

« No, contessa. »

Ella sembrò volere aggiungere qualche altra parola, ma gli fece un segno col ventaglio, sorrise e si allontanò. Ei seguiva macchinalmente cogli occhi il turbinío di quella danza in mezzo alla quale la contessa stava come una regina, di cui tutti si contendevano un sorriso o un giro di valzer. Improvvisamente quella regina andò diritto verso di lui, gli gittò come una sultana il suo fazzoletto ricamato, gli mise sulla spalla la mano splendida di gemme, e fra le braccia la vita sinuosa ed elastica – poi, quando ebbe finito di ballare, lo ringraziò con un sorriso.

« Voglio conoscerla meglio: » gli disse « facciamo un giro. »

Tutti gli sguardi si volsero su quell'uomo fortunato e quell'altera beltà che passavano. Egli pensava al giorno in cui l'aveva vista mollemente distesa nella sua carrozza, fra una nuvola di polvere e di veli.

Entrarono nella stufa, profumata, silenziosa, oscura. La contessa sedette. Il discorso andava a sbalzi, scucito, con certa bizzaria capricciosa che ella sapeva dargli, strisciando in tutti i zig-zag serpentini pei quali ella voleva farlo passare, brioso, civettuolo, elegante come lei. Poi ella non disse piú una sola parola, appoggiò il mento sulla mano, e guardò qua e là con occhi distratti; il *fisciú* alitava lieve lieve, e gettava una certa dolce ombra livida sul seno d'alabastro: ella apriva e chiudeva macchinalmente il suo ventaglio, e faceva scrosciare le stecche fra di loro. Tutt'a un tratto piantò in volto ad Alberto uno sguardo e un sorriso singolari, e gli disse:

« Ma noi ci comprometttiamo orribilmente, mio caro! »

Si alzò ridendo e si allontanò.

Allorchè gli ospiti di villa Forlani lasciarono la festa erano le due del mattino. La notte era buia, il cielo senza stelle, la campagna paurosa. Di quando in quando il vento mugolava fra le gole lontane. Adele un po' melanconica stava nel fondo della carrozza, avviluppata nel suo mantello. Velleda teneva il viso allo sportello. Alberto respirava a pieni polmoni.

« Che bella sera! » esclamò.
Velleda gli rivolse una rapida occhiata.

I sogni di quella notte! popolati di tutte le larve dell'amore, di tutte le febbri della giovinezza, di tutte le lusinghe delle vanità, di tutte le ebbrezze dei piaceri! – Povera Adele, se avesse potuto indovinarli!

XI

Alberti si svegliò tardi, stanchissimo, e col capo peso. Un raggio di sole penetrava fra le stecche della persiana e faceva luccicare la vernice del cassettone; ei gli sorrise, poscia rimase a fissarlo con occhi sbarrati; infine si alzò con un inesplicabile malumore.

Il suo primo sguardo fu per la finestra di Velleda: era chiusa. All'ora della colazione entrando nella sala da pranzo, volse intorno uno sguardo ansioso.

« Sei malato anche tu? » gli chiese Adele correndogli incontro festosa.

« Chi è malato? »

« Velleda, che non viene a colazione perché è cosí stanca da starne male. Avete ballato molto! »

Alberto lasciò cadere il sorriso ingenuo e l'aria giuliva della fanciulla. La colazione non fu molto gaia. Lo zio Bartolomeo uscí appena alzatosi da tavola, e li lasciò soli.

La fanciulla guardava il cugino alla sfuggita, gli porgeva i fiammiferi e la borsa del tabacco, cercava di prevenire tutti i desideri di lui, e, dopo di avere esitato lungamente:

« Che hai? » domandò.

« Io? nulla. »

« Non è vero; hai qualcosa. »

Il giovane sentí penetrarsi sino al cuore quell'osservazione, e rimase un po' senza rispondere.

« Ma cosa vuoi che abbia? »

« Mah... se lo sapessi! » rispose la fanciulla ingenuamente.

Per la prima volta il giovane non poté sostenere il limpido sguardo della vergine, accese il sigaro ed uscí.

Trovandosi all'aperto, l'aria, il sole, il profumo dei campi, tutte quelle cose salubri e schiette, sembravano purificarlo e rinvigorilo. Gli ebbri fantasmi della notte, che avevano bisogno del lume, della stearina e delle ombre delle cortine, si dileguavano alla chiara luce del sole, e non rimaneva che la mesta e pura figurina di Adele, colle sue candide manine intrecciate sulle ginocchia, e i grand'occhi turchini che l'interrogavano timidamente.

Il giorno dopo la contessina Manfredini comparve all'ora del desinare, fresca e rosea come prima. Alberto provò un singolare dispetto vedendola cosí. « S'è rimessa? » le domandò.
« Lo vede! » rispose ella tranquillamente.
Prendevano il caffè in giardino; Velleda posò la chicchera sulla tavola di marmo, e si mise a dondolare su di una poltrona di legno: « E il suo amico non torna piú? » domandò dopo qualche tempo ad Alberto. Ei rispose, con un po' di sorpresa: « Verrà domani o doman l'altro ».
« Ah! »
Si alzò, lasciò i due cugini in giardino, e andò a mettersi al piano. Il tocco della sua mano era secco, nervoso, quasi aspro; la melodia errava scucita, e come soffocata in mezzo ad un nembo di accordi tempestosi; c'era l'indolenza, la sprezzatura, la sbadataggine di chi va seguendo sui tasti i propri pensieri, e non si cura di afferrarli. Quella strana musica irrompeva dalle finestre aperte, e soverchiava, direi turbava, la pace solenne della sera; sembrava udirvi scoppi d'allegria e gemiti soffocati, e aveva qualcosa della leggiadria bizzarra della suonatrice.
Alberto si avvicinò al piano, e stette a guardar Velleda. Ella sembrava una statua di marmo che suonasse; calma, impassibile, cogli occhi fissi sulla carta.
« Canterai qualcosa? » domandò Adele.
Ella scosse il capo continuando a suonare, poscia smise, e si alzò.
« Cosí presto! » disse Alberto. « Continui a suonare almeno. »
Velleda alzò freddamente gli occhi su di lui, e gli domandò:

« Cosa desidera? »

« Ma... quel che le pare. »

Ella si mise a sfogliare della musica senza aggiungere verbo, l'aggiustò sul leggío, e incominciò una canzone di Schubert.

Adele erasi messa a sedere sul canapè. Alberto, appoggiato alla coda del piano, teneva gli occhi fissi sulla suonatrice: costei non levava i suoi dalla carta, con certa altera freddezza; metteva tutta la sua anima nelle mani, di cui gli anelli scintillavano assai piú dei suoi occhi e vedevasi solo che quel seno si gonfiava dai lucidi riflessi della sua veste, su cui cadeva il lume delle candele. A poco a poco il suono morí nelle corde, le mani si fermarono, e la suonatrice chinò il mento sul petto.

« È finito?... » domandò Alberto come svegliandosi di soprassalto.

« Sí » rispose lei bruscamente.

E andò ad aggiustarsi un fiore tra i capelli, baciò Adele, salutò appena del capo Alberti, e se ne andò.

« Si soffoca qui! » disse Alberto alla cugina « vado in giardino. »

Il domani doveva arrivar Gemmati. Alberto andò ad incontrarlo, e dopo la prima stretta di mano il suo amico gli domandò:

« O cos'hai? »

« Cosa mi vedi? Sto benissimo. »

« Stanno tutti bene in villa? »

« Tutti. »

« Siamo in broncio, eh? »

« No! »

« V'amate sempre? »

« Non amo che lei!... »

« Chi ti parla degli altri? » disse Gemmati.

XII

Alberto si abbeverò di quel sottile veleno che lo penetrava senza che egli se ne avvedesse, e l'ebbrezza di oggi gli dava la sete per domani – spesso non era che un gesto, un'inflessione di voce, uno sguardo distratto, un sorriso appena accennato. Egli stava in una continua agitazione. Non si accorgeva nemmeno che cercava tutti i mezzi per star vicino alla contessina Manfredini, che accanto a lei era tutt'altro uomo, che non poteva saziarsi di rimirarla, ch'era inquieto, dispettoso, cogitabondo quand'era costretto a star colla cugina, non si avvedeva degli innocenti sotterfugi, delle ingenue manovre che la povera Adele inventava per vederlo sorridere; non indovinava le domande che c'erano nel silenzio di lei, l'inquieta ansietà dei suoi sguardi. La poverina cercava almeno la compagnia di Gemmati, come per sfogarsi con lui, come se egli avesse qualche cosa del suo amico, e stava sovente vicino a lui zitta zitta, o pensierosa, o parlandogli di cose indifferenti, spesso ricacciando indietro le lagrime che le facevano velo alla vista, senza osar di svelargli giammai il suo dolore. Lo zio Bartolomeo non guardava piú il tempo, non si fregava le mani, e prendeva tabacco con molta enfasi. Velleda non si accorgeva di nulla, non mostrava di evitar Alberto, ma lo incontrava assai raramente da sola. Al contrario, si trovava piú spesso con Gemmati, stava piú volentieri a discorrer con lui, gli si mostrava graziosa, si faceva accompagnare nelle sue passeggiate, e faceva gravare su di lui il peso dei suoi capriccetti bizzarri.

Una volta Gemmati, tornando da caccia, avea incontrato le ragazze, Alberti, lo zio Forlani, i coniugi Zucchi, la intera comitiva insomma, al cancello del giardino. Tutti si erano affrettati attorno al suo carniere ben pieno facendogli i mirallegro. Velleda sola rimaneva zitta. Però la signora Zucchi, ch'era molto sensibile, offuscava un po' la gloria del cacciatore fortunato con esclamazioni compassionevoli verso una "tortorella fedele" che teneva spenzoloni per un'ala, e se la prendeva col crudele divertimento, colla durezza di cuore, ecc. Velleda, seria seria, l'interruppe:

« Se fossi un uomo non vorrei far altro. »

« O tu perché non sei venuto? » domandò Gemmati al suo amico, mentre s'avviavano verso la villa.

Gemmati rimase alquanto sorpreso dal tono di quella risposta, consegnò schioppo e carniere ad un domestico, e andò cogli altri; ma lungo il giorno fu pensieroso, ed anche inquieto. Guardava qualche volta il suo amico, tutto annuvolato, e che evitava visibilmente di trovarsi con lui. Alla fine approfittò di un momento in cui erano soli, e gli disse:

« Alberto, stammi a sentire... Da qualche tempo ce l'hai con me! »

« Io? » disse Alberto senza guardarlo.

« Sí, tu, e non so perché. Cosa t'ho fatto? »

« Nulla, t'inganni. Perché dovrei avercela con te? »

Gemmati gli prese la mano, ch'ei non osò rifiutargli, e gli disse guardandolo negli occhi:

« Saresti geloso? »

« Geloso?... » disse Alberto trasalendo, « e di chi? »

L'altro ebbe un moto di sorpresa.

« Ma... dell'Adele. »

« Perché sarei geloso? » replicò Alberto dopo un breve silenzio, e fissandogli gli occhi in viso per la prima volta. « Non fai la corte alla Velleda per conto tuo? »

« Io? »

« Sí, tu » insisté con un sorriso stentato; « oppure è lei che la fa a te. »

Gemmati scoppiò in una buona e franca risata.

« Sei matto! Io sono un povero diavolo di medico in erba, e lei una contessina che ha piú anelli ch'io non abbia quattrini... Come vuoi?... Del resto... Ma a te che te ne importa? »

« Nulla me ne importa... proprio nulla. Ho detto cosí per convincerti che non potevo esser geloso di te a motivo di Adele. »

Gemmati stette ancora qualche istante guardandolo negli occhi, e stringendogli le mani; e riprese da lí a un momento:

« Ascoltami, Alberto: forse non sai tu stesso qual tesoro sia il cuoricino della tua Adele, e come ti ami, la povera fanciulla, con quanta sincerità, e con quanta delicatezza... e come ti nasconda i suoi timori, i dispiaceri che le dai senza accorgertene... Sai che se tu la tradissi faresti... To', ci vogliamo abbastanza bene per dirti la parola tal'e quale – una viltà! »

Da alcuni giorni la povera fanciulla amava anch'essa la solitudine, non perché si vedesse negletta dal cugino, ché quando lo vedeva sorridere le si schiudeva il paradiso, ma pel dolore di vederlo cosí... cosí... non lo sapeva lei stessa. Ei la trovò su quel sedile dove la luna li avea visti l'uno accanto all'altra, e sentí qualche cosa che gli stringeva il cuore; la poverina stava a guardarlo timidamente, spalancando gli occhi per dissimulare le lagrime che le spuntavano, e non osando chiamarlo nemmen cogli sguardi — ei le si avvicinò col sorriso falso, come un colpevole. — Allora Adele gli afferrò la mano con vivacità, e scoppiò in pianto.

« Perché piangi? » disse Alberto, quasi anche lui colle lagrime agli occhi.

« Oh, perché son felice!... Guarda che matta! »

Stettero un po' insieme; egli parlava poco e distratto; essa lo guardava di nascosto, quasi temesse di annoiarlo.

« Alberto, mi permetti che ti dica una cosa? » balbettò infine timidamente.

« Di'. »

« Confidami cos'hai! »

« Ma cosa mi vedi? »

« Non lo so... Non sei piú il medesimo... »

Egli arrossí lievemente.

« Perché mi fai cotesta domanda? » disse bruscamente, rialzando il capo da una specie di meditazione.

« Perché... perché sei molto cambiato. »

Egli parve esitare.

« Temi che non ti ami? »

La fanciulla lo guardò attonita, e rispose ingenuamente:

« Perché non mi ameresti? Non me l'hai detto tu stesso che mi ami? »

« Voglio dire... se temi che non ti ami piú? »

« Non me lo diresti, in tal caso? » rispose Adele al modo istesso, e senza distogliere gli occhi dai suoi.

« Dunque?... » balbettò il giovane, e quel *dunque* gli s'inchiodò nel pensiero.

« Dunque sarei proprio un vile! » mormorò allorché fu solo, e fuggendo per la campagna come se alcuno l'inseguisse.

XIII

« Come va che non s'è piú visto, marchese Alberti? » udí esclamare dietro di sé.

Si voltò, e vide la contessa Armandi a cavallo, che si era fermata sulla via, a due passi da lui. La contessa stava bene in sella, l'amazzone disegnava elegantemente il suo bel corpo, il velo azzurro le svolazzava sul viso, quasi la baciasse, la cavalla, col freno tutto bianco di spuma, allungava il collo e scuoteva la bella testolina colla grazia di una gazzella addomesticata.

« Bisognava proprio incontrarlo per via! » disse l'Armandi stendendogli la mano all'altezza del suo ginocchio. « Fortuna che viene a cercare i dolci tramonti, e i bei punti di vista!... Farebbe anche dei versi, marchese? »

Il sorriso di lei era cosí gaio, che il giovane se lo sentiva quasi comunicare, e rispose:

« Non ho questo vizio, contessa. »

« È innamorato dunque? »

« Anch'ella ci viene senza far versi, né essere innamorata... »

« Che ne sa lei? » domandò con un sorriso che lo scombussolò del tutto.

« Ma... »

« Non posso essere innamorata di mio marito... o della mia Zelia? » aggiunse con quel risolino mordente e leggiadro, guardandolo ardita e civettuola, e giocando col pomo del frustino fra i crini della cavalla.

« Però » riprese « ella che non ha né marito, né Zelia, amerà la bionda, o la bruna. Quale delle due? »

Il giovane arrossí, volle negare, e rimase imbarazzato.

La contessa stava a guardarlo col gomito sul ginocchio, la guancia sulla palma, e una provocante ironia negli occhi.

E dopo averlo ascoltato cosí fra ironica e motteggiatrice soggiunse con una gran serietà:

« È vero! Ella è troppo giovane per amare la bruna, e non amerà la bionda che per un quarto d'ora. Ella non ama che la sua giovinezza, e la donna allo stato di nebulosa. Addio. Quando avrà bisogno del consiglio di una buona amica venga a trovarmi; cosí m'avrò la sua visita che aspetto da un pezzo. »

E spronò Zelia, senza dare il tempo ad Alberto di balbettare le scuse che gli si leggevano in volto. Poi arrestò di botto lo slancio della cavalla, e rizzandosi sulla staffa con piglio grazioso ed ardito, si voltò indietro, e gli disse da lontano:

« Oh, non sono in collera... e per prova!... » sul ciglione della via spuntava una margherita tardiva; ella la recise di un colpo di frusta « ed in prova le lascio un ricordo: consulti l'oracolo, marchese. »

E sparí come un lampo.

« Hai visto la contessa Armandi? » domandò a tavola Gemmati.

« Sí. »

« Cosa t'ha detto? » aggiunse Adele.

Alberto s'imbrogliò nel racconto di una storiella metà vera e metà inventata, si confuse e si fece anche un po' rosso. Lo zio Forlani tossí due o tre volte, e Velleda gli rivolse una rapida occhiata.

« Che bella signora! » disse per cambiar discorso.

Il giorno dopo, quando Alberto stava per andare a villa Armandi, incontrò per caso la signorina Manfredini presso il cancello.

« Va dalla contessa? » gli domandò.

« Sí. »

« Ci tien proprio a far cotesta visita? »

« Ma... tenerci... »

« Se non ci tiene non ne faccia nulla per oggi. Il tempo è bello; andremo alla *Sassosa* in carrozza con Adele. »

E per la prima volta chinò gli occhi dinanzi allo sguardo di lui.

« Sí... » diss'egli, « sí! »

XIV

Adele accettò l'invito tutta giuliva. Era tanto tempo che il cugino sembrava le tenesse il broncio! Ma in quella comparve il babbo, con un viso piú scuro del solito, e chiamò la figliuola nella sua camera sotto pretesto di farle un discorso serio.

Alberti ascoltava assai distratto i discorsi che teneva Velleda, la quale era assai piú calma e piú padrona di sé. Adele ritornò poco dopo, pallida, tutta sossopra, e col viso ancora bagnato di lagrime.

« Cos'è stato? » domandò piano il cugino.

Ella lo guardò cogli occhi lagrimosi, il petto le si gonfiò, e scoppiò a piangere.

« Nulla! nulla! » rispondeva ostinatamente a tutte le interrogazioni di lui che si sentiva trafiggere il cuore da quel pianto.

Dopo circa una mezz'ora ritornò lo zio. Era serio in viso, ma con quell'aria di burbero benefico che gli andava a meraviglia. Egli fu amabilissimo con Velleda, e accarezzò il nipote sulla spalla.

« Il tuo baio mi sembra un po' malato » gli disse. « Vuoi venire a vederlo? »

Alberto sentí in nube che il suo baio stava assai meglio di come egli non si sentisse in quel momento; pure seguí lo zio, di cui il viso andava rannuvolandosi a misura che si allontanavano dal pergolato dove avevano lasciato le ragazze. Arrivati nel viale rimpetto alla scuderia, ch'era dall'altro lato della villa, ei si fermò su due piedi, dominando il nipote da tutta la maestà della sua corpulenta statura e del suo sguardo da zio.

« Alberto, tu sei il figliuolo della mia cara Cecilia! » incominciò solennemente.

« Zio mio... »

« E sei anche un ottimo ragazzo... non ho difficoltà di dirlo. »

« Oh, mio zio... »

« Io ti voglio e ti vorrò sempre del bene, da secondo padre che ti sono. Tu puoi vedere come ti ho accolto in casa, e come... »

« Grazie, zio mio!... »

« Ma che lavoro mi fai in ricambio! »

Alberto si fece di bracia.

« M'hai stregata quella povera bambina, di'?... »

Il nipote, con tutti i colori dell'iride sul viso, teneva gli occhi fitti a terra, come se avesse voluto sprofondarvisi. Lo zio tacque maestosamente, aspettando risposta per alcuni secondi; indi riprese in aria paterna:

« M'accorgo dal tuo imbarazzo che capisci d'esserti condotto assai male, e che ne sei pentito!... »

E mise una seconda pausa; ma la risposta che aspettava non venne.

« Me ne sono accorto soltanto oggi... troppo tardi! Ma avrei potuto diffidare di te, del sangue mio, del mio secondo figlio.. ché per tale ti ho?... »

Alberto non fiatava, ma andava ruminando come diavolo lo zio se ne fosse accorto proprio adesso che egli non pensava quasi più alla cugina, e ricordavasi della tosse che si era udita quella sera del famoso colloquio con Adelina, e che in buona coscienza aveva allora attribuito allo zio. Costui, vedendo che il nipote non si risolveva a parlare, e rimaneva impalato quasi fosse stato di sasso, riprese:

« *Mea culpa*! mio danno! i cocci li pagherò io! io che son stato troppo cieco, fiducioso come... come un galantuomo... Quella povera figliuola passerà qualche grosso guaio... ma pazienza! »

« La sposerò! » rispose Alberto pallido come un cencio.

« Figliuol mio! » esclamò il signor Forlani abbracciandolo teneramente. « Non ho mai dubitato di te! »

Ritornarono sotto il pergolato, non curandosi altro del baio che mangiava tranquillamente la sua avena. Velleda, senza alzare gli occhi dal lavoro, li saettò di uno sguardo che avrebbe fatto onore ad un diplomatico. Adele chinò maggiormente il capo, ed impallidí.

« Figliuola mia » le disse il babbo appena Alberto si fu

allontanato; « tuo cugino Alberto mi ha domandato la tua mano. Posso parlarne qui dinanzi alla tua amica che è come una sorella. »

Adele lasciò cadersi il lavoro di mano, e si fece bianca, Velleda si alzò come per lo scattare di una molla, corse a lei in furia, l'abbracciò e la baciò a piú riprese, poi, al sopravvenire di Alberti, gli sorrise graziosamente, e gli stese la mano.

« Che Iddio vi benedica, figliuoli miei! » finí il signor Forlani abbracciando i due giovani nel tempo stesso.

« O come il babbo se n'è accorto adesso? » esclamò ingenuamente Adele, allorché rimasero soli.

La felicità della poveretta era cosí grande che sembrava irradiarsi anche sugli altri. C'era tanto affetto, tanta gratitudine, tanto abbandono, tanta espansione nella sua gioia che Alberto credette un istante il suo amore si fosse galvanizzato.

Gemmati avea fatto una corsa sino a Pistoia; ritornando alla sera trovò tutti in festa, e come seppe di che si trattava abbracciò Alberto, e gli disse con quel suo fare calmo e schietto:

« Bene, amico mio! »

XV

Alberto fu insolitamente mattiniero. Tornando dalla sua passeggiata, udí suonare il piano, ed entrò nel salotto.

Trovò Velleda al pianoforte; com'egli apparve sull'uscio le ultime note sembrarono trasalire.

« Oh, il signor Alberto! »

E gli stese la mano con calma perfetta.

Ei s'assise accanto a lei, e stette ad ascoltare.

« Non lo sa? » diss'ella dopo alcuni istanti, e senza smetter di suonare « aspetto la mamma, oggi. »

« Oh! L'avremo per qualche tempo con noi? »

« Per un giorno. È venuta a prendermi. »

« Va via? »

« Sí. »

« Quando? »
« Domani. »
« Cosí presto! »
« È piú di un mese che son qui. »
Alberto tacque, ed ella continuò a suonare.
« Che pezzo è codesto? » domandò infine.
« Uno studio di Liszt. Le piace? »
« Sí... molto... »
Egli si alzò, e si mise a guardare fuori della finestra. Poi tornò a sedersi al medesimo posto, e dopo alcuni istanti di silenzio le disse: « Ci rivedremo? ».
« Ma... sí... »
Egli non disse piú nulla; anche il pianoforte si tacque. Rimasero zitti, immobili, senza guardarsi.
Ad un tratto si udirono dei passi vicino all'uscio.
« Lasciatemi » esclamò Velleda bruscamente dandogli per la prima volta del *voi*.

Entrò Gemmati, serio, freddo; scambiò due o tre parole colla contessina, poi prese Alberti pel braccio, e lo condusse fuori con un pretesto.
Dopo alcune centinaia di passi, Gemmati alzò gli occhi in viso al suo amico per la prima volta gli disse:
« Son venuto a cercarti per dirti una cosa. Domani vado via. »
Alberto parve un istante colpito da quell'improvviso annuncio; ma ad un tratto avvampò in viso e rispose masticando un sorriso:
« Accompagni la contessina Manfredini? »
« Vado solo: » rispose freddamente Gemmati; « partirò stasera. »
« Oh, fai pure il tuo comodo! »
Gemmati, dopo una lieve pausa, riprese:
« Dunque l'hai fatta? »
« Cosa? »
« Quella cattiva azione. »
« Luigi! » gridò Alberto.
« Non andare in collera, perché in tal modo mi dai ra-

gione; vedi, io che non ho torto non andrò in collera: se gridi, griderò piú alto di te quello che la tua coscienza ti dice sottovoce; se tenti di picchiarmi, picchierò piú forte. Partirò stasera, perché non voglio stare a vedere certe scene; tu mi fai rabbia, e quella povera bambina mi fa pietà; le mie parole non son giovate a nulla; almeno non vedrò coi miei occhi... Se avrai la forza di essere quello che sei stato sempre, un galantuomo, verrò ad abbracciarti e a domandarti scusa... Se no... non ci rivedremo piú; addio! »

XVI

Verso sera giunse la contessa Manfredini. Era una bella signora che si era fermata ai quarant'anni, bionda come la figliuola, colle labbra sottili, il sorriso affabile, e quel gentile accento toscano che sembra una carezza della parola. Si sarebbe detta una donna tutta miele dai capelli alla bocca; era discreta, indulgente, riservata, semplice e spiritosa, all'occorrenza, e quando voleva poteva assumere certe arie matronali che bisognava vedere! Fu talmente gentile e affettuosa con Adele da far ingelosire Velleda, se Velleda non fosse stata buona come la mamma; trovò due o tre parole da fare andare in solluchero Alberti, e fu cosí graziosa col signor Forlani, che costui, per rispondere di galanteria alla sua maniera, avrebbe voluto farle bere di tutti i fiaschi della sua cantina. Dopo il pranzo le ragazze si misero al piano, il signor Forlani preparò i famosi scacchi, e il vento cominciò a gemere al di fuori.

« Ci faccia sentire qualche cosa! » disse Alberto a Velleda con voce lievemente commossa.

Ella parve esitare.

« Sii buona, via! » aggiunse Adele.

« È l'ultima volta che ci vediamo; » rispose finalmente rivolgendosi ad Alberto; « non le posso ricusar nulla. »

« L'ultima volta? » esclamò Adele.

« Ho detto per ischerzo, sai! »

E si mise accanto al piano, scelse la sua musica, e l'Adele si dispose ad accompagnarla.

Cantava con una mano appoggiata al pianoforte: la luce delle candele, difesa dalle ventole, giocava coi delicati chiaroscuri del suo viso; nella sua voce c'erano vibrazioni che facevano trasalire, che gli ascoltatori sentivano scorrere nelle loro fibre; i giocatori avevano lasciato gli scacchi; Adele stessa di tanto in tanto alzava gli occhi verso di lei, con un sentimento d'ammirazione. Tutt'a un tratto Velleda lanciò uno sguardo rapido e fiammeggiante come una stoccata ad Alberto, che ascoltava cogli occhi fissi su di lei, pallido e turbato.

« Come hai cantato stasera! » le disse Adele abbracciandola.

Ella sorrise sbadatamente.

« Fammi dare del fior d'arancio, mi sento un po' agitata. »

Adele andò ella stessa.

Velleda rimase al cembalo, e vedeva Alberti senza guardarlo. Ei le si avvicinò lentamente come affascinato, e le si mise accanto – ella sembrò non accorgersene.

« Vorrei parlarvi! » disse finalmente il poveretto con voce sorda.

La contessina chiuse il libro tranquillamente e levò su di lui gli occhi sereni:

« Sto ad ascoltarvi. »

« Vorrei parlarvi da solo, stanotte, in giardino! » ripeté Alberti coll'ostinazione quasi minacciosa di uno che stia per ismarrire la ragione.

« È matto? » diss'ella freddamente.

Le labbra del giovane si fecero smorte, e tremarono due o tre volte senza poter proferire parola: « Sí, credo d'esser matto davvero! ».

« Ma io non lo sono, davvero! »

Alberto guardò Velleda in tal modo che ella, in un salotto pieno di gente, ebbe paura.

« Sarete cagione di qualche disgrazia! »

« Io? »

« Voi! » rispose con fermezza, guardandola fisso.

« Ma sa quel che mi propone, lei? » disse la giovinetta con fierezza.

« Ho bisogno di parlarvi, stanotte! » insisté Alberto con ostinata tenacità.

Adele entrava in quel momento da un uscio accanto al piano, e udí quelle parole come se un demone gliele avesse incise nel cuore coll'artiglio. Ella si appoggiò all'uscio prima d'entrare; ma nella piú debole fanciulla ci son miracolose energie, ed ebbe la forza di mostrarsi calma allorché sollevò la tenda. Alberto insisteva collo sguardo, senza avvedersi di lei.

Velleda indovinò un po' d'imbarazzo nel contegno scambievole.

« Sai che cosa gli dicevo? » le disse all'orecchio « che son gelosa! »

I due fidanzati trasalirono in modo diverso.

« Gelosa di me? » balbettò la povera fanciulla.

« No, ma di lui. Ei mi ruberà il tuo cuore. »

Alberto chinò gli occhi e arrossí.

La contessina incominciò a discorrere di mille cose, spiritosa e disinvolta come sempre, e la conversazione si fece generale, spiegò e raccolse le ondeggianti sue reti di parole che avevano significati diversi pei diversi attori di quella scena. Adele, coll'anima straziata dall'angoscia, osservava il cugino che sembrava intento ad un discorso interiore. A un tratto, guardando alla sfuggita Velleda con cert'occhi da spiritato, ei scappò a dire fuor di proposito: « Ebbene? » un *ebbene* che avrebbe stonato orribilmente nella conversazione generale, se in quel momento tutti non fossero stati distratti da una discussione abbastanza calorosa. Adele fu eroica per forza d'animo, Velleda mostrò una sorprendente presenza di spirito: prese la musica del *Ballo in Maschera* sbadatamente, cominciò a scorrerne le pagine, e canticchiò « *Io là sarò... alle tre.* » Si alzò, si mise al piano, come invogliatasi repentinamente, e cominciò a suonare la stretta. « Grazie! » le disse Alberto cogli occhi. Adele sentí che le si spezzava qualcosa dentro il petto.

XVII

Era una di quelle ultime notti d'autunno che preludiano l'inverno, scura e tempestosa. Gli alberi si contorcevano sotto un vento furioso che gemeva come voce umana; i cani uggiolavano spaventati; l'aria era talmente carica d'elettricità che sentivasi quel vago senso di terrore, fantastica attrattiva della notte.

Alberto saltò giú dalla finestra, quella medesima finestra che avea scavalcato qualche tempo innanzi con tutt'altro amore nel cuore, e non volse gli occhi a quella della cugina se non per spiare se potesse esser visto. In tutto il suo interno non c'era che una sola idea, indistinta, cieca, affascinante; passeggiò innanzi e indietro pel viale che correva dinanzi alla villa, coi capelli irti, e il sudore sulla fronte, mentre il vento ululava, e le foglie degli alberi sembravano scrosciare per gragnuola; il buio che l'avvolgeva lo penetrava del tutto; sentiva dentro di sé certo mugolío tempestoso, somigliante al vento che gli faceva sbattere sul viso le foglie morte. Due ore scorsero in un lampo; ci avrebbe passeggiato tutta la notte senza accorgersene, sotto la pioggia, in balía del vento, sotto l'uragano.

Tutt'a un tratto sentí afferrarsi da una mano, quasi le tenebre avessero preso corpo.

« Velleda! » esclamò, prorompendo in quel nome che lo riempiva tutto.

« Ebbene, che volete. »

« Velleda! » ripeté.

Ella non lo vedeva, sebbene lo toccasse quasi, e quella voce, nel buio, le faceva paura.

« Sapete quel che m'avete fatto fare?... »

« Sí, lo so! » rispose risolutamente.

« Voi! il fidanzato di un'altra!... »

« Sí. »

« Il fidanzato della mia amica!... »

« Sí! »

« M'avete minacciato di fare una pazzia, per farmi commettere una pazzia! »

« Sí! »

« Cosa dovete dirmi? »

« Che vi amo! » diss'egli con voce sorda.

« Io venni qui per dirvi che sono la figliuola del conte Manfredini! » rispose Velleda con la voce fremente di orgoglio.

« Io ci venni per dirvi che son pazzo di voi! » ribatté Alberto.

Successero alcuni istanti di silenzio.

« Oh! se avessi potuto prevedere! » diss'ella finalmente.

Alberti esclamò duramente:

« Voi lo sapete da molto tempo! »

« No! »

Egli non batté palpebra.

« Sí » riprese con febbrile esaltazione; « avete sorpreso il mio pallore da Caino, avete indovinato il mio tremito e i miei sguardi da Giuda; vi siete vista nello specchio e avete pensato: son bella, mi ama, deve amarmi, deve contorcersi a strisciare al pari di un insetto calpestato dal mio stivalino!... »

Velleda trasalí, come se il demone dell'orgoglio avesse accarezzato con lingua di fuoco tutte le vanità della donna.

« Sí, l'ho temuto » disse « e sono stata piú forte di voi! »

« Ne avete riso!... »

« Io vi amavo già! » disse ella con nobiltà.

Alberti barcollò, e cercò inutilmente una parola che esprimesse l'irrompere della sua passione:

« Voglio vedervi! » gridò. « Lasciatemi vedervi! »

Ella scorse gli occhi di lui scintillare nel buio come quelli di una belva. Il forsennato la spinse per forza verso quella parte del viale dove gli alberi erano piú radi e l'oscurità meno fitta, l'afferrò per le tempie, le rovesciò il capo all'indietro, e la baciò con labbra di fuoco. Velleda mise un grido, che il vento soffocò.

« Marchese Alberti; » disse pallida come uno spettro, « io non vi aveva fatto l'insulto di diffidare di voi. »

Ei si arretrò di due o tre passi.

« Ascoltatemi bene, signore! Son l'amica di Adele, e mi sento ancora degna di lei, e di me. Questa è l'ultima volta che ci vediamo; vi parlo come attraverso un abisso insormontabile, come stessi per morire per voi: ecco perché non vi ho nascosto e non vi nascondo nulla. Non vi ricambierò d'amore giammai! Io farò il mio dovere, e prego Dio che voi facciate il vostro. »

« Qual è il mio dovere? » domandò Alberti a guisa d'uomo colpito dal fulmine.

« Dimenticatemi, è il meglio che possiate fare. »

Alberto rispose con un fosco sorriso.

« Ebbene, io farò il mio » soggiunse Velleda dopo un istante di silenzio.

« Ho previsto tutto quello che potreste fare; » diss'egli con tenacità disperata. « Voi mi fuggirete, io vi seguirò; mi disprezzerete, vivrò per vedervi; non mi amerete, vi amerò io!... »

Cosí dicendo sembrò che gli mancassero le forze, cadde lentamente sui ginocchi dinanzi a lei abbracciando la sua veste. Velleda gettò un lungo sguardo su quell'uomo che singhiozzava ai suoi piedi.

« Alberto! » disse dolcemente – ei balzò in piedi. « Alberto, lasciamoci degni l'uno dell'altro; dimentichiamo un istante di debolezza e di follia; siamo forti!... »

« Che bisogno avete di esser forte voi? » domandò il giovane con terribile ingenuità. « Quali debolezze sentite? quali follie temete? »

Ella chinò il capo senza rispondere.

Alberto attese due o tre secondi in ansia mortale.

« Ma parlate, in nome di Dio! » gridò delirante, scuotendole le mani con asprezza. « Mi fate impazzire! »

« No! » esclamò dessa. « No!... no! Mai! »

E fuggí come un'ombra.

XVIII

I contadini dei dintorni udirono abbaiare i cani tutta notte come se una bestia randagia avesse scorazzato per quei monti. Alberto rientrò verso il mezzogiorno, sotto pretesto d'aver fatto una lunga passeggiata mattinale, stanco, trafelato, febbricitante. Alla villa trovò tutto sossopra: i domestici andavano e venivano in furia, la carrozza era dinanzi alla porta, coi cavalli ancora fumanti di sudore; lo zio Bartolomeo era ritornato allora allora in compagnia del medico. Durante la notte Adele era stata assalita da un accesso di febbre violentissimo. A quella notizia Alberto si sentí mancare il cuore.

Trovò lo zio sull'uscio della camera di lei.

« Dove sei stato? » gli domandò.

Ei balbettò delle bugie, al par di un colpevole. Lo zio era cosí turbato da non accorgersi del turbamento del nipote.

« La povera Adelina sta male, sai! » gli disse. « Non si sa che diavolo abbia; anche il dottore ci ha perso il latino. Entra pure. Adele, c'è qui Alberto! »

Il giovane incontrò gli occhi di Adele, ardenti come carboni, che lo fissavano senza dir motto; tutti i muscoli del viso di lei sembrarono decomporsi. Il dottore stava a capo del letto, e teneva fra le dita il polso dell'inferma; ei volse al sopravvenuto uno sguardo che sembrava scrutatore.

« Chi è quel signore? » domandò il medico al signor Forlani sottovoce.

« Mio nipote Alberto, il fidanzato della mia figliuola. »

« È strano! » borbottò l'altro. « M'era parso di sentir trasalire il polso. »

E si mise nuovamente a guardare in viso l'inferma che stava immobile, cogli occhi fissi, le guance accese, le manine che stringevano di quando in quando convulsivamente la rimboccatura della coperta, e le labbra agitate da un tremito nervoso.

La camera era quasi al buio; si udiva solo il tic-tac dell'orologio ed il cinguettío degli uccelli sul davanzale della finestra.

« Avevamo passato tranquillamente la sera in casa » diceva il signor Forlani a mo' d'informazione; « la mia bambina era sana e allegra come sempre; ella non ha chiamato una sola volta in tutta la notte; la Gegia che dorme vicino alla sua camera, non l'udí muoversi, né fiatare; stamane poi me la trova in quello stato e colla finestra spalancata, per il gran vento di stanotte, o perché l'abbia aperta ella stessa, senza ricordarsene poi, sentendosi soffocare dal sangue che le montava al capo. Dalle otto a questa parte è stata sempre in quello stato; non parla, non risponde, sembra non abbia conoscenza. La contessina Manfredini, la sua piú cara amica, è venuta a dirle addio prima di partire, ed ella non se n'è accorta; anzi, vedendola entrare, è divenuta pallida, ha chiuso gli occhi, e allorché la sua amica volle baciarla fu colta da un accesso di febbre o di convulsione, si diede a tremare e a rabbrividire che faceva pietà; non ha risposto una sola parola a tutto quello che le diceva la contessina, sembrava non sentisse proprio nulla, e seguitava a stringere convulsamente la rimboccatura della coperta, come la vede fare adesso; d'allora non ha aperto mai bocca. »

Il medico non diceva nulla.

« Guarda, Adele, c'è qui il tuo Alberto! » riprese il signor Forlani ad alta voce.

Alberto, spinto da lui, si accostò al letto. L'inferma lo fissò con quegli occhi spalancati, lucidi e senza sguardo, talmente che egli non poté fare a meno di chinare i suoi.

« Stai male, povera Adele? » mormorò con voce commossa.

La poverina incominciò a tremare, quasi fosse colta dal ribrezzo della febbre, ma non rispose.

« È il tuo Alberto! » insisté il babbo.

Ella tremò piú forte.

« Non mi conosci? » balbettò il giovane, non sapendo che dire, piegandosi verso di lei.

« È partita!... » disse l'Adele con un soffio di voce appena sensibile, e con tale accento che lacerò il cuore di lui.

« Cos'ha detto? » domandò il babbo.

« Non ho inteso... » rispose Alberto chinando gli occhi dinanzi agli occhi di lei, che lo fissavano sempre.

XIX

I giorni seguenti trascorsero in alternative di speranze e di timori per la vita della giovinetta. Alberto non ardiva piú comparirle dinanzi e domandava sempre sue notizie, inquieto, agitato, piú sofferente di lei. Se fosse morta gli sarebbe parso di aver commesso un assassinio.

Finalmente Adele migliorò; ma come andava inoltrandosi nella convalescenza, mostravasi piú fredda e riservata verso di lui, cercava mille pretesti per non ricevere le sue visite, evitava di rispondergli e di guardarlo in faccia. Finalmente un bel mattino capitò in camera sua lo zio Bartolomeo, il quale, dopo avergli parlato della pioggia e del bel tempo, quasi non sapesse da che parte incominciare, gli disse infine, con mille proteste di rincrescimento, che quanto a matrimonio non se ne sarebbe fatto nulla, almeno pel momento.

« Adele non vuole sentirne parlare. È un capriccetto da convalescente, cosa vuoi? Bravo chi sa leggervi. Ti voleva un gran bene, e te ne vuole di molto tutt'ora. Ma che diavolo di novità l'è saltata in mente? Cosa vuoi farci? A me rincresce piú di te, che vorrei poterti dir figlio due volte!... Ma passerà!... Oh, passerà! »

Alberto capí assai piú in là dello zio, e si trovò piccino dinanzi a quel nobile sacrificio della fanciulla; ma, egoista come un innamorato, non seppe indovinare quante lagrime e quanti dolori fosse costato quel capriccetto da convalescente alla povera Adele.

Poco dopo ricevette una lettera di lei.

"So tutto. Perdonami, Alberto, ma il cuore mi si spezzava. Dio mi ha dato la forza di non tradirmi, e nessuno saprà giammai il motivo della mia risoluzione. Ma a te bisogna pur dirlo, per non farti credere anche a te che sia un capriccio... perché il mio rifiuto non ti umilii... e per dirti che ti amo ancora. Capirai che se ti scrivo cotesto, adesso, vuol dire che non sarò giammai piú tua, non ci rivedremo mai piú... e ti prego di partire senza cercar di vedermi. Addio."

Il cugino partí per Firenze di nascosto, come un ladro, senza volgere una occhiata a quella finestra di cui le persiane rimanevano ostinatamente chiuse da molto tempo.

XX

Alberto era giunto a Firenze in una disposizione d'animo singolare – vergognoso di sé, cercando Velleda e temendo di rivederla, avendo spesso dinanzi agli occhi il viso pallido e gli occhi ardenti di febbre della cugina, e bevendo, senza avvedersene, il fascino di quell'altra e tanto diversa bellezza che l'aveva sedotto, coll'aria che respirava, sembrandogli che il vento delle colline rendesse il profumo di quei biondi capelli, che ogni angolo della città, che l'eleganza dei negozii di mode, il fasto degli equipaggi, il sorriso delle donne avvenenti, la giovinezza che sentivasi gonfiare tripudiante nelle vene, avessero qualche cosa della Manfredini.

La madre e la figlia abitavano un grazioso villino, piccino e civettuolo, posto a ridosso dell'amena collina di Bellosguardo. Il giardino era diligentemente tenuto, le lance del cancello sembravano dorate ieri, i viali non avevano né un sasso, né un filo d'erba, il muro di cinta era tappezzato di pianticelle rampicanti, gli arbusti erano rimondati con cura. La casa era a due piani, semplice, bianca, circondata d'alberi, colle persiane verdi, dietro le quali si vedevano scintillare i vetri.

Allorché il timido innamorato osò spingere un po' piú innanzi le sue ricerche, seppe che il villino era deserto, e che le signore Manfredini non erano ancora ritornate in città.

Alberti era quasi sconosciuto a Firenze. Quello stato d'isolamento dava una fittizia tenacità alla sua passione, anche senza la sua immaginazione, che ostinavasi a mettere il bruno al suo cuore. – Però egli avea venti anni.

Intanto era sopraggiunto il carnevale, e il giovane Ortis non s'era fatto scrupolo di andare ad un veglione della Pergola, era stato spinto qua e là, ci si era annoiato, ma c'era rimasto a guardare con tanto d'occhi spalancati. Tutt'a un tratto una bella mascherina gli si fermò di faccia, saettandolo di un sorriso indiavolato e con due occhi scintillanti attraverso i fori della maschera.

« Ciao. »

Alberto le fissò addosso un lungo sguardo, che valeva per lo meno quanto il *ciao*.

La mascherina era vestita da paggio italiano del XIII secolo, svelta, fresca, elegante, sembrava bella come un amore.

« Sai che sei un bel biondino! » gli disse nella lingua officiale del palcoscenico della Scala il paggetto, prendendogli le mani.

« Non capisco il turco, bella mascherina. »

« Non capisci che mi piaci? »

« E tu? » rispose Alberto, diventato ardito anche lui; « sei bella? »

« Guarda! »

Scostò rapidamente la maschera e l'abbagliò.

« Addio, marchese Alberti! » disse vicino a lui un'altra voce che lo fece trasalire.

« Sei anche marchese? » domandò il paggetto.

« Ti rincresce? »

« Sei cosí bel giovane che puoi essere anche marchese ».

« Lasciate cotesta ragazza » disse ad Alberto la voce di prima con accento breve. « Son discesa in platea per voi. Devo parlarvi. »

Ei si vide accanto una signora in dominò, vestita di nero, tutta velata, senza un gioiello. Di quelle due donne mascherate che si contendevano il suo braccio l'una era modellata come una Venere dal costume attillato, avea i capelli ricci, l'occhio sfolgorante, il collo alabastrino, era rosea, civettuola, affascinante; l'altra non avea che il portamento del capo, l'eleganza della persona, l'attrattiva dell'accento, il profumo aristocratico del fazzoletto, e le trine che cadevano sul guanto grigio – e bastò. Costei prese il braccio del giovane come cosa propria, e la folla li separò ben tosto dal paggetto. Andavano verso i corridoi dei palchi, la donna mascherata prima, salendo le scale con passo franco e leggero, senza dire una parola, rialzando un po' i lembi del vestito sulle scarpette di raso. Quando furono arrivati al terz'ordine e nell'angolo piú oscuro del corridoio, si fermò all'improvviso, gli prese le mani, lo guardò in faccia e gli disse:

« Traditore! »

« Mi conosci? » esclamò Alberti attonito.

« Ti rammenti di Belmonte? »

Ei le afferrò le mani, ricercandola dappertutto collo sguardo.

« Chi sei? Dimmi chi sei! »

« Son tua cugina Adele! »

Al primo istante Alberto impallidí, l'attirò vivamente verso la parte piú illuminata del corridoio; poi sorrise stentatamente, e mormorò:

« Non è vero. »

Anche la donna mascherata sorrise.

« Per chi mi hai tradita? »

« Dimmi chi sei » ripeté Alberti cercando di leggere in quello sguardo che luccicava nell'ombra.

« È inutile che te lo dica, giacché non mi conosci, e non mi conoscerai giammai. »

« Giammai? »

« Giammai! »

Alberto la fissava ansiosamente, non osando pronunziare un nome che gli veniva alle labbra con certi impeti, direi, vertiginosi.

« Che vita fai? » esclamò alfine colei con bizzarra intonazione di voce. « Perché non ti si vede in nessun luogo? Ami ancora *quell'altra*? »

« Io vado dappertutto » rispose Alberto eludendo la domanda.

« Dappertutto è troppo poco. Vai sabato al ballo al Casino? »

« No. »

« Vai! » insisté la mascherina con una stretta di mano.

« Ti vedrò colà? »

« No. »

« Che t'importa allora ch'io ci vada? »

Ella parve esitare.

« Vuoi che ti dia un segno di riconoscimento? »

« Dammelo. »

Si tolse il guanto e gli porse la mano bianca come il marmo e venata d'azzurro.

« Te ne rammenterai? » gli disse sorridendo, con un accento che gli penetrò sino al cuore.

« Oh!... »

« Baciala... Addio. »

« Aspetta! » gridò Alberto. « Non mi lasciare cosí. Ci rivedremo? »

« No! no! te l'ho detto! »

Ella s'era svincolata di nuovo, e stava per svoltar l'angolo del corridoio.

« Ti sei innamorato diggià della mia mano? » gli disse fermandosi un istante in capo alla scala.

« Ebbene... t'ho lasciato almeno un ricordo... Rammentati di me. Addio. »

Il giorno dopo Alberti rivide Velleda all'improvviso, e quando meno se lo aspettava – passava in carrozza dinanzi al Doney, e non s'accorse di lui che s'era fermato sul marciapiedi come se gli fosse mancato il respiro – o non volle accorgersene. Allo svoltar di Santa Trinità la contessina mise a caso il capo allo sportello, e guardò dalla parte di via Rondinelli. Ei vide un istante, attraverso il cristallo scintillante, i capelli biondi di lei.

XXI

Alberti avea ricevuto un invito pel ballo al Casino, senza sapere da che parte gli venisse; cotesta era forse una buona ragione per non mancare, se non ce ne fossero state anche delle altre. – Andò.

La prima persona che vide, circondata dalla folla, corteggiata come una granduchessa, fu Velleda. Ella ci stava proprio come una granduchessa e non s'accorgeva di lui. Ad un tratto, come si accorgesse solo allora di lui, gli stese la mano con un bel sorriso, poi, senza lasciare il braccio del suo ballerino, gli agghiacciò la gioia che irrompeva tripudiante negli occhi di lui, rifacendosi a un tratto seria e fredda.

« Tutti sanno che ci conosciamo » gli disse. « M'inviti per un ballo. »

« S'è presentato alla mamma? » gli domandò poscia allo stesso modo.

« ...No... »

« Che cosa penserà... Si presenti. »

La contessa Manfredini accolse Alberti col suo sorriso e col suo cicaleccio melato.

« Troppo gentile, davvero!... Siamo state via da Firenze... Abbiamo viaggiato. Bella città Napoli! la conosce?... E Roma? il Vesuvio?... Abitiamo il villino Flora, appena fuori Porta Romana. Riceviamo il lunedí. Non manchi. »

Le allusioni a Belmonte, ed alla famiglia Forlani furono evitate con garbo.

« Hai qualche impegno col signor De Marchi? » domandò la contessa alla figliuola che si era riaccostata. Velleda si fece pensierosa un istante, come non avesse intesa la domanda; scosse il capo un po' vivamente, e rispose:

« No... non rammento... »

Alberti sorprese uno sguardo rapido e acuto che la madre saettò sulla figlia. Mentre conduceva Velleda a prendere il suo posto nella quadriglia, costei gli domandò negligentemente:

« La mamma l'ha invitato a venire ai nostri lunedí? »

« Sí! »

Allora aggrottò leggermente il sopracciglio, si mise al suo posto, spinse indietro lo strascico della veste, e non disse altro. Eseguiva le diverse figure della quadriglia colla sua grazia e disinvoltura abituale, alquanto fredda, noncurante, rivolgendo ad Alberti la parola solamente quel po' ch'era necessario per non dar nell'occhio.

« Ieri l'altro l'ho vista a Firenze per la prima volta » incominciò il marchese. Ella non disse verbo.

« Sapeva che ero qui? »

« Sí » rispose asciutto asciutto; e si mise a battere il tempo col ventaglio.

E dopo alcuni minuti di silenzio:

« Bella cotesta musica! »

« Sembrami d'averla udita. »

« Dove? »

« A Belmonte... in villa Armandi... »

« S'inganna » disse ella freddamente.

Tacquero.

« S'è divertita in questo viaggio? » domandò Alberti.

« Assai! »

« È stata via molto tempo! »

« Le pare!... appena quattro mesi. »

Ei chinò il capo.

« Troppa gente! » mormorò Velleda per rompere il silenzio.

« È vero. »

« Ha visto la contessa Armandi nelle altre sale? »

« No. »

« Deve esser qui. Sembrami d'averla vista un momento. »

La quadriglia era finita. Mentre Alberti la riconduceva, Velleda gli domandò:

« Ha promesso alla mamma di venire? »

« Sí... Le rincresce? »

« Perché dovrebbe rincrescermi? » disse ella alteramente.

« Mi dia un bicchiere d'acqua » aggiunse immediatamente, come per mitigare la durezza della sua risposta.

Dopo di avere attraversato due altre sale, riprese, guardando attentamente i disegni del suo ventaglio:

« E non pensa di viaggiare anche lei? »

« Perché? » rispose Alberto con un po' di sorpresa.

« Perché è giovane, e il mondo è bello. Vada a Roma, in Grecia, in Oriente... »

« Mi manda molto lontano » rispose Alberti sorridendo a bocca stretta.

Ella, dopo aver giocherellato col fiocco del ventaglio, rispose lentamente:

« Faccia come vuole. »

« Mi dia i suoi ordini... »

« Degli ordini, io? » esclamò Velleda rizzando il capo, « e a qual titolo, dica? »

« Dei consigli, almeno... »

Per la prima volta l'altera fanciulla alzò gli occhi su di lui, e guardandolo fisso:

« Credevo non ne avesse bisogno » disse. « Ma giacché li desidera... glie li ho dati... Parta. »

Bevve tranquillamente, si passò sulle labbra il fazzoletto ricamato, riprese il braccio di lui, che non diceva piú una parola, e si fece accompagnare al suo posto senza aggiunger altro.

Un bel giovane, che sembrava in qualche intimità con lei, le si avvicinò con premura appena la vide seduta, e si chinò verso di lei per dirle qualche cosa. Alberto udí ch'ella rispondeva freddamente:

« Grazie. Sono stanca. »

« Non balli piú? » domandò la contessa.

« No, mamma; vorrei già essere a casa. »

La mamma rivolse su di lei uno sguardo penetrante e disse: « Andiamo pure. »

Il giovane, che era rimasto a discorrere con loro, accompagnò le due signore. Mentre Alberto stava per partire anche lui, incontrò la contessa Armandi.

« Oh! Lei qui! Lo credevo ancora a Belmonte. Va via anche lei? M'accompagni sino alla mia carrozza in tal caso... »

Gli porse il suo mantello ovattato, in anticamera, perché l'aiutasse un po'; e andava chiacchierando mentre il maldestro cavaliere era alquanto imbarazzato. « O come va che trovasi qui e solo? e la sua cuginetta?... Quest'altro capo qui, sulla spalla... È andato in fumo dunque?... Badi anche a lei, dicono che fa freddo. Grazie, cosí!... Per colpa sua, ne son certa; gliel'avea predetto, si rammenta?... Tiri un po' in su il cappuccio... Non speravo d'incontrarla: che fortuna! »

« Come va che non l'ho vista al ballo? »

« Era cosí occupato! Ma non me l'ho a male, veh! »

In questo momento rientrava il giovanotto che avea accompagnato le signore Manfredini, e salutò profondamente l'Armandi.

« Soletto? » gli disse costei.

Il giovine evitò di rispondere facendo un inchino, e un mezzo sorriso.

« Chi è quel signore? » domandò Alberti accompagnandolo con un lungo sguardo.

Gli occhi della contessa brillarono di un'ironia maliziosa:
« Il signor De Marchi » rispose « un amico di casa Manfredini. Bel giovane, non è vero? »

E scese le scale appoggiandosi appena al braccio di Alberto. Questi, mentre le porgeva la mano per montare in carrozza, le domandò:

« Mi permette che l'accompagni? »

« No. Ella non potrebbe piú fingere d'ignorare dove abito, e sarebbe costretto a farmi la visita di Belmonte. »

« Me la son meritata! »

« Non sono in collera » e gli strinse la mano, sorridendogli dal fondo del cappuccio. « No, davvero! »

La carrozza partí.

XXII

La prima volta che Alberto andò ai lunedí della contessa Manfredini parvegli di sorprendere negli occhi di Velleda un'espressione di meraviglia e di dispetto. Ma la giovinetta era troppo bene educata per far scorgere cotesto altrimenti che per sorpresa, e l'accolse con un po' di freddezza, è vero, ma convenevolmente. Non evitava, né cercava le occasioni di trovarsi sola con lui, e quando ciò avveniva per caso ella sapeva starci benissimo dominando Alberto con la sua calma superba. Gli rivolgeva la parola come a tutti gli altri, né piú né meno, qualche volta con una sfumatura d'ironia, qualche altra volta con impertinente freddezza, sovente come se volesse col suo contegno domandare tacitamente ad Alberti perché continuasse a frequentare la sua casa, malgrado il suo divieto assai chiaramente espresso. La madre, al contrario, quasi avesse voluto addolcire e far scusare i modi della figliuola, trattava Alberti affabilmente.

Una sera che l'aria piú mite della primavera permetteva di lasciare le finestre aperte, Velleda s'avvicinò ad Alberti colla sua solita disinvoltura, e gli disse tranquillamente:

« Ho da dirle qualcosa, Alberti » e lo precesse sul terrazzino. « Sa che il signor De Marchi ha chiesto la mia mano? »

« Lo sospettavo... »

« Non volevo... non avevo intenzione di maritarmi... » soggiunse con voce breve e risoluta, senza guardarlo. « Ma giacché mi ci avete costretta ho detto di sí. »

Alberto tardò alcuni minuti a rispondere.

« Mi ordinate di non venir piú in casa vostra? » domandò alfine.

« Adesso è inutile » diss'ella con un sorriso glaciale e superbo. « Ho bruciato le mie navi. »

La notizia di quel matrimonio non tardò a circolare fra gli amici di casa Manfredini; da prima discretamente, in seguito con maggiore sicurezza. De Marchi avea diradato le sue visite, Velleda lo trattava con grande riserbo, ma sapevasi che dalle due parti stavansi trattando delle questioni d'interesse, e ciò era perfettamente in regola.

« Ardon gl'incensi! » disse una volta l'Armandi sortendo insieme ad Alberto da casa Manfredini.

Velleda aveva alquanto raddolcito il suo contegno verso Alberti, sia che la rassegnazione di lui l'avesse disarmata, o che, dopo la presa risoluzione, egli non le ispirasse piú alcun timore. Ella attraversava colla sua grazia disinvolta quel periodo, tanto difficile per una ragazza, delle domande susurrate dalle amiche di casa all'orecchio della mamma, delle allusioni piú o meno velate, degli sguardi indiscretamente curiosi. Di tanto in tanto sembrava un po' astratta e pensierosa, avea certi momenti di silenzio quasi cupo, o di gaiezza come irritata, o di asprezza irragionevole. Tutto ciò cadeva piú frequentemente e piú direttamente sul povero Alberti, quasi ella non potesse perdonargli di averla costretta ad una risoluzione intempestiva. Il sarcasmo le veniva frequente in bocca, ed ella medesima arrossiva alcune volte dei suoi pungenti epigrammi; un momento dopo sembrava ravvedersi e avere l'intenzione di fargli delle scuse, come poteva farle il suo carattere orgoglioso, con una parola gentile o con una attenzione delicata. Alberto impallidiva, o arrossiva, soffriva, ma non osava rinunziare a vederla. Sovente sorprendeva gli occhi di lei che lo fissavano carichi di collera, accigliati, foschi; allora il riso di lei era piú mordente, o, cosa strana, la sua parola era piú graziosa. Alcune altre volte era lei che sorprendeva gli sguardi d'Alberto rivolti verso De Marchi, colla febbrile ammirazione dell'invidia. De Marchi era un rivale formidabile, bello, altolocato, elegante e spiritoso – il povero innamorato soffriva la piú crudele gelosia; quella che umilia ed annichila.

Un lunedí che c'era piú gente del solito in casa Manfredini, Alberto si trovò un momento solo vicino a Velleda sull'uscio del giardino, e si misero a parlare dell'ultima opera della Pergola, e delle corse che s'erano fatte alle Cascine. Da qualche tempo fra di loro correvano le buone relazioni di gente completamente indifferente. Velleda perciò non si mosse, e seguitava a discorrere tranquillamente e piú a lungo del solito, canticchiava fra i denti i motivi di cui si rammentava, e faceva strider la sabbia sotto il suo stivalino irrequieto, gli domandava come si chiamasse il cavallo che avea vinto alle corse, e a quanto ascendesse il primo premio. Alberti rispondeva un po' distratto, come gli avveniva spesso ma a proposito.

«Le piacciono anche a lei le corse?» gli domandò Velleda.

«Non voglio che sposiate De Marchi!» rispose ad un tratto bruscamente Alberti afferrandole le mani.

Ella gli piantò gli occhi in faccia, e stette a fissarlo in tal modo, colle braccia rigidamente tese. Non aggiunsero una parola – rimasero guardandosi. – A poco a poco gli occhi di lei si velarono, il viso si fece smorto, e le braccia si allentarono. Poi si svincolò con uno sforzo disperato e rientrò come fuggendo.

XXIII

Dopo alcuni giorni incominciò a susurrarsi dietro il ventaglio che il matrimonio della signorina Manfredini avea inciampato in gravi difficoltà d'interesse. De Marchi era partito per Napoli, allo scopo di facilitare le pratiche presso la sua famiglia; la ragazza si faceva vedere di rado; la mamma era piú seria del solito, e mostravasi amabilissima colle amiche piú maldicenti.

Alberto e Velleda non s'erano piú detta una sola parola. Ella non aveva piú la rigida alterezza di una volta, la fermezza dello sguardo, la sicurezza dell'intonazione. Avea un'aria di vinta. Dinanzi a lui ammutoliva, e chinava gli occhi. Una sera che passeggiando in giardino egli le prese la mano, gliela lasciò. Cosí gli s'abbandonava.

La contessa Armandi era divenuta intima di casa Manfredini; però mostrava non aver perdonato ad Alberto la visita che non le avea fatto, e che poscia ella non gli avea permesso di farle. Del resto era capricciosissima, e per vendicarsi sembrava aver adottato il sistema di fargli perdere la tramontana. Ora era ironica, impertinente, motteggiatrice, sdegnosa; ora si faceva accompagnare al piano, o in carrozza, e lo lasciava sempre alla sua porta dicendogli: « Sin qui! ».

Una sera che al villino Flora la conversazione era stata piú scucita, e la mamma Manfredini si era mostrata piú preoccupata del solito, l'Armandi disse ad Alberto sortendo:

« A proposito, perché non sposa lei Velleda? »

Alberto ricevette la domanda come una stoccata in pieno. L'Armandi non gli diede il tempo di rispondere, e soggiunse subito gaiamente:

« Quell'altro sarebbe un matrimonio sbagliato. La signorina Manfredini non è ricca, e la famiglia dello sposo non l'accetta volentieri. Fortuna che la bambina abbia piú giudizio della madre, la quale s'è incaponita dietro quel miraggio, e ci penserà due volte prima di dir di sí! Ci vuol altro! »

« Lei però ha detto *ardon gl'incensi*! »

« Ho detto *gl'incensi*, non ho detto *le tede*! » rispose la contessa col suo risolino ironico. E montò in carrozza.

Alberto rimase pensieroso.

Il giorno dopo Velleda lo interrogò due o tre volte collo sguardo – ei mostravasi annuvolato. – Poi andò a sedere in un canto, senza fargli una sola domanda.

Alberti si avvicinò, sedette accanto a lei e si misero a sfogliare dei libri e dei giornali. Dopo un lungo silenzio le disse a voce bassa:

« Sapete che fra breve tornerà il signor De Marchi da Napoli? »

Velleda gli fissò gli occhi in viso, si strinse nelle spalle, e non rispose.

Il giovane le strinse la mano di nascosto, e riprese.

« Perdonatemi tutto ciò che ho detto in quella sera... Sono stato matto... o qualcosa di peggio! »

La fanciulla all'ombra della ventola, non staccava da lui quello sguardo luminoso, tenace, incisivo; ma non aprí bocca; egli si fece pallido, esitò, le strinse la mano con forza, e balbettò:

« Sposatelo. »

Velleda rimase zitta, immobile, bianca; infine lasciò cadere lentamente questa parola:

« Perchè? »

« Perché io non prenderò mai moglie. »

Una vampa di fuoco corse pel viso della giovinetta; poscia impallidí, ritirò dolcemente la mano, rimase alcuni istanti collo sguardo fiso dinanzi a sé, col sopracciglio aggrottato, e infine disse con un tono di voce che non sarebbesi potuto indovinare se fosse altero o indifferente:

« Che m'importa? »

Alberto si aspettava la sorpresa, l'indignazione, la collera, e rimase sbalordito da quella risposta. Piú pallido di lei, e colla voce tremante, le disse:

« Come dovete odiarmi! »

Ella, senza levare gli occhi, lasciò cadere mollemente la sua mano in quella di lui.

« Ascoltatemi, Velleda! » esclamò Alberto con accento commosso. « Vi amo in modo che non saprei dire. Nella mia testa c'è qualcosa di guasto, e il dubbio mi rode come un verme velenoso. Ho bisogno di esser convinto che mi amiate per me, senza secondi fini, e che mi sacrifichiate tutto... tutto, intendete?... Perdonatemi! Allorché questo dubbio fatale è entrato in me... o ci è stato messo con una parola... avrei voluto fuggirvi... e non ho potuto. Voi sola potete darmene il coraggio disperato. Cosa volete che faccia? »

« Noi non potremmo amarci altrimenti! » rispose Velleda dopo aver riflettuto un istante. « Meglio cosí! Adesso anch'io posso dirvi che vi amo! »

XXIV

Un amore cosí romanzesco dovea sedurre l'immaginazione del giovane fantastico. Le sue passioni *eterne* erano state cosí passeggiere, le sue impressioni cosí vivaci e mutabili, che allorquando avea sentito il bisogno di aver fiducia nel sentimento che riempiva tutto il suo essere, era divenuto inquieto. L'amore di quella strana fanciulla che gli sacrificava le piú legittime esigenze, e il suo avvenire e il rivale piú terribile, lusingava ad un tempo la vanità e il cuore di lui, e insieme il sofisma. Ei vi si abbandonò con ebbrezza, senza esaminare dove potesse condurlo, senza discutere se fosse possibile cosí come mostravasi.

I due giovani si vedevano spesso; ora regolarmente, ed ora a caso – è vero che aiutavano parecchio il caso. – Il cavallo di Alberto non sapeva passeggiare che fuori di Porta Romana, e la signorina Velleda faceva quello che non aveva mai fatto, l'aspettava alla finestra, o sotto le acacie del giardino. Allorquando erano insieme si dicevano ben poco, discorrevano degli argomenti piú comuni, che per loro avevano cent'altri significati; i loro occhi si incontravano di rado, le loro mani non s'incontravano mai. La contessa Manfredini aveva l'aria di fiutare il vento.

De Marchi era ritornato da Napoli, e la sua prima visita era stata per il villino Flora. Le trattative pel matrimonio non erano molto avanzate; certuni dicevano anzi che avevano fatto un passo indietro, ma gli interessati erano tutte persone ammodo, e sapevano continuare le loro relazioni in modo da non dar pretesti agli indiscreti ed ai curiosi; tanto piú che degli impegni seri non ne erano mai stati presi officialmente.

In uno degli ultimi ricevimenti di casa Manfredini, De Marchi erasi mostrato piú premuroso e galante del solito. Alberti, rincantucciato in un angolo, soffriva in silenzio. Velleda stava servendo il tè, e passandogli accanto lo vide cosí pallido e contraffatto. « Che avete? » gli domandò. Ei le lanciò un'occhiata febbrile. Velleda passò oltre.

Alberto la seguí con avido sguardo. La vide passare accanto a De Marchi, che stava appoggiato allo stipite di un uscio, colla mano nascosta nel gilé, colla lente incastrata nell'occhio, bello e sardonico. Alberto non poté udire che cosa colui le avesse detto inchinandosi verso di lei; ma lo vide sorridere, e anch'essa sorrise ed arrossí leggermente. Nell'angolo dov'era Alberto si udí un rumore di porcellana che rompevasi; nessuno se ne accorse, o ci abbadò: la signora piú vicina non volse nemmeno il capo; soltanto Velleda, dall'altra estremità della sala, volse un'occhiata cosí rapida e sfolgorante verso quel rumore, che De Marchi s'aggiustò la lente sull'occhio e guardò anche lui.

La signorina Manfredini continuò a sgusciare fra la folla, briosa e gentile. Infine passò accanto ad Alberto, senza una nube sulla fronte, senza volgere gli occhi su di lui, e gli gettò sommessamente questa parola:

« Seguitemi. »

Alberti andò dietro di lei nell'altra sala, e, temendo di far scorgere la sua agitazione, si mise a guardare con grande attenzione il giuoco che non capiva. Poco dopo si trovò vicino Velleda, disinvolta, scherzando coi giuocatori e con coloro che stavano a veder giuocare. Avvedendosi di Alberto gli disse: « Non fuma? » e andò a prendergli un sigaro da un astuccio intagliato. « Passate di là senza farvi scorgere » soggiunse cosí piano che appena egli poté udirla.

Quell'altra stanza era un piccolo gabinetto da lavoro che metteva da una parte nella camera della madre, e dall'altra in quella della signorina Manfredini. C'era un grande scrittoio fra due finestre, un canapè di faccia, e un piccolo tavolino accanto: fra il canapè e lo scrittoio aprivasi l'uscio della camera di Velleda. La stanza era poco illuminata da una sola lucerna a ventola posata sul tavolino. Alberto aspettò alcuni istanti, inquieto, coll'occhio e l'orecchio tesi; il cicaleccio della conversazione, e le esclamazioni dei giuocatori si udivano distintamente, di tanto in tanto il fruscío di una veste passava attraverso l'uscio socchiuso. Tutto ad un tratto apparve Velleda, camminando sulla punta dei piedi con passo rapido e risoluto, e gli prese la mano. Ma nel medesimo istante lo fermò, col braccio teso, e rimase immobile, ansiosa, atterrita, guardando l'uscio dal quale era entrata. Spinse bruscamente Alberto nella sua camera, ed ebbe appena il tempo di chiuderne l'uscio. Tutto questo accadde in un lampo.

« Cosa fai qui? » domandò la contessa Manfredini entrando.

« A momenti mi si stacca un bottone dal guanto... »

« Sei pallida. »

« Non mi sento bene. »

« So tutto... Ho visto il marchese Alberti... »

« Mamma!... »

« L'ho visto attraverso lo specchio, ti dico, quando ha lasciato cadere la tazza... Non mancò di fare uno scandalo... Costui vuol comprometterti ad ogni costo! »

La giovanetta fu sublime per presenza di spirito, ed ebbe uno di quei tratti d'audacia che hanno soltanto le donne.

« Ci ascoltano, mamma! » esclamò con accento supplichevole.

La contessa volse uno sguardo furtivo verso la stanza accanto dove giocavasi, ed uscí.

Velleda, pallida, strema di forze, e piú bella che mai, entrò risolutamente dov'era Alberto.

« Ebbene? » gli disse fermandoglisi dinanzi.

Egli aveva tutto udito. « Perdonatemi! » mormorò. « Ero geloso. »

« Di chi? »

« Di colui!... »

« Sareste qui se aveste il diritto di essere geloso? » rispose ella semplicemente.

Il giovane volse attorno uno sguardo commosso, quasi reverente, come se il profumo verginale di quella cameretta avesse qualcosa d'augusto, e le cadde ai piedi.

« È vero!... Cosa avete fatto, Velleda!... »

« Ho fatto la sola cosa che potesse provarvi come vi ami; » rispose la giovanetta, senza una sola vibrazione nella voce.

Alberto osò allacciarla colle braccia, e accostarle alla fronte le labbra trementi. Ella socchiuse gli occhi, e si abbandonò mollemente. Ad un tratto trasalí, lo respinse con vivacità, e stette ad ascoltare. « Mio Dio! » esclamò.

In un lampo raffermò il viso e lo sguardo, uscí con un movimento felino, e si trovò a faccia a faccia colla madre, e colla contessa Armandi.

« La contessa non si sente bene » disse la Manfredini. « Hai qualche cordiale nella tua camera? »

« Nulla, mamma! » rispose Velleda con insolita vivacità.

L'Armandi s'era buttata sul canapè, e malgrado il suo gran male sembrava stesse assai meglio della ragazza ch'era pallida come un cencio. Ella avea rivolto un'occhiata rapida e penetrante su di Velleda, e s'era scusata alla meglio.

« Qualcosa troverò » disse la Manfredini dopo aver saettato alla sfuggita uno sguardo acuto sulla figliuola.

« Andrò io, mamma! » esclamò costei, di cui l'angoscia acuta tradivasi nell'accento. Ma prima che ella potesse gettarsi dinanzi all'uscio, la madre era entrata precipitosamente.

L'Armandi prese la mano della fanciulla, per ringraziarla, senza distogliere gli occhi da quelli di lei.

La contessa Manfredini ritornò quasi subito, perfettamente calma, tenendo in mano una boccettina che faceva odorare alla contessa. La madre e la figlia non si rivolsero uno sguardo.

Il rimedio parve giovare immensamente alla contessa, e dopo cinque minuti ella ritornava in sala al braccio della signora Manfredini. Velleda si fermò ancora un po' dinanzi allo specchio per aggiustare qualche piccolo disordine della sua toeletta, senza neppur volgere gli occhi sullo specchio. Ella accompagnò con un lungo sguardo attraverso lo specchio le due signore, e allorché fu certa di esser sola, si precipitò nella sua camera, e la scorse in una sola occhiata. Non c'era nessuno. Corse alla finestra, alta un primo piano dal suolo, e la trovò socchiusa, soffocò un grido, e cadde sui ginocchi.

Il giorno dopo, alle quattro, il marchese Alberti presentavasi alla contessa Manfredini, e le chiedeva la mano di madamigella Velleda.

XXV

Il marchese era un orso campagnuolo, avea trentaduemila lire di entrata, e il matrimonio fu presto combinato.

« Lo sapevo! » esclamò l'Armandi, con un sorriso mordente, quando le diedero la notizia.

E soggiunse, forse per addolcire o spiegare quell'affermazione singolare:

« Quel giovane ha la *bosse* del matrimonio. »

La sera stessa, mentre stava per andarsene, disse ad Alberto:

« Ve l'avevo detto che avreste finito per sposarla voi. Siete fatti l'uno per l'altra. »

E gli volse le spalle. Partendo non si accorse del saluto di lui; e non gli rispose; ad un tratto, tornando indietro, e stendendogli la mano:

« A proposito, le mie felicitazioni » gli disse.

Velleda amava moltissimo il suo fidanzato; ma l'amava com'ella poteva amare, con molta riservatezza, e un po' freddamente in apparenza. Alberto invidiava a lei l'inalterabile disinvoltura e il dominio di sé stessa. L'elettricità di cui era carica l'anima ardente di lei, celavasi sotto un esteriore glaciale, e scoppiettava solamente in qualche lampo degli occhi, o nella reticenza di un sorriso, o in una stretta di mano più lunga del solito, mentre si separavano sull'uscio che metteva nel giardino. Quel pudore elegante aveva la sua leggiadría.

La signora Manfredini sembrava la vera amante di Alberti; lo lisciava, lo carezzava, lo adulava, se lo teneva attaccato ai panni, e gli accordava l'onore di offrirle il braccio molto spesso, assai piú spesso ch'egli non avrebbe desiderato. Qualcheduno degli amici di casa avea domandato quale delle due Manfredini sposasse il marchese Alberti.

Il matrimonio era stato fissato pel settembre. Le signore Manfredini sarebbero andate in giugno a Livorno, e Alberti dovea andare a raggiungerle, dopo aver fatto una corsa pei suoi poderi, e date le disposizioni per certi restauri che occorrevano ad una villetta sul lago di Como, che lo zio Bartolomeo avea salvato dal naufragio delle sostanze paterne, e nella quale gli sposi dovevano andare a passare l'autunno.

In quel tempo a Firenze non si parlava che di un gran signore romano, giunto di fresco, il quale s'era fatto vedere alle Cascine in un superbo equipaggio. Il principe Don Ferdinando Metelliani era un omicciattolo dieci o dodici volte milionario, che troneggiava dai quattro cuscini del suo *phaéton* come un Apollo brutto. La folla agitavasi al suo passaggio come uno sciame di formiche sorprese dal piede di un villano, lo invidiava, lo ammirava, lo derideva, lo deificava; tutti gli occhi volgevansi verso il suo cocchio lucente; il nome di lui, la sua ricchezza, la sua età, i suoi vizi, correvano sulle bocche di tutti; le più belle e le più schive guardavano con maggior attenzione che non sogliono accordare ad un semplice mortale, cotesto scimmiotto che le fissava insolentemente, e buffava loro il fumo in viso del suo avana, e lo trovavano *schicche* perché spingeva i suoi quattro cavalli sulla folla come se si sentisse abbastanza ricco per pagare le ossa che avrebbe rotto. Il principe discendeva da quel patriziato romano che aveva cinque secoli di esistenza allorquando la più antica nobiltà d'Europa arava la terra o serviva nelle sue legioni; era ufficiale delle Guardie Nobili, e cotesto soldato, discendente da una famiglia che aveva condotto alla vittoria parecchie generazioni dei padroni del mondo, s'era rifiutato a battersi in duello; avea quarant'anni, e avea sciupati tutti i godimenti della vita; ascoltava messa tutti i giorni, si comunicava due volte al mese, gettava l'oro sotto le ciabatte delle cortigiane, e avea fatto rinchiudere la sua unica sorella in un monastero per non darle una dote. – Sopra tutto ciò due milioni di scudi.

Il principe Metelliani frequentava la migliore società di Firenze, e avea conosciuto la signora Manfredini all'Ambasciata di Napoli; l'altera bellezza di Velleda avea colpito il dissoluto patrizio, e soltanto dinanzi a lei, che non gli volgeva uno sguardo, egli aveva chinato la testa pelata e superba; s'era incaponito con ostinazione da uomo onnipotente a far la corte alla sola donna che non la facesse a lui. La signorina Manfredini era troppo orgogliosa per accorgersene, e allorché vide la prima nube sulla fronte di Alberto, ella aggrottò il sopracciglio. – Una volta che il principe s'era mostrato piú galante del consueto, ella, con un cenno impercettibile, chiamò il suo fidanzato, che ronzava lí presso, e lo presentò a Don Ferdinando. Quei due uomini si scambiarono un saluto d'antipatia cordiale.

Ma la contessa Manfredini civettava col Metelliani in luogo della figliuola. Allorché entrava in una sala al braccio di lui, o allorquando poteva presentarlo alle sue amiche, sembrava raggiante, ed era arrivata a chiamarlo semplicemente Don Ferdinando. – Don Ferdinando lasciava fare graziosamente. La figliuola al contrario conservava una serenità olimpica; soltanto allorché le donne piú nobili, piú belle, piú eleganti, si abbassavano a mendicare l'attenzione di quell'omiciatto, che non sembrava curarsi d'altri all'infuori di lei, le sue rosee narici si gonfiavano appena. Di tanto in tanto era distratta, o pensierosa; qualche volta Alberto la sorprendeva fissando su di lui uno strano sguardo, come se lo vedesse per la prima volta, e stesse esaminandolo tacitamente. Essa non avea mai voluto dirgliene il perché, e finiva sempre motteggiandolo.

Gli amici di casa Manfredini avevano combinato una gita, e naturalmente la madre e la figlia erano della partita; siccome Alberti, vivendo ancora da scapolo, non avea che due cavalli, dei quali uno da sella, il principe Metelliani avea messo la sua carrozza a disposizione delle signore Manfredini. Questa circostanza avea fatto nascere un piccolo diverbio con Alberto che era un po' geloso del principe, senza che volesse confessarlo; ma la contessa avea spiegato nella lotta tutta la sua vanità di mondana, tutta la sua prepotenza di suocera, e avea vinto. Velleda s'era acconciata alla vittoria colla superba indifferenza che le era particolare. Al ritorno la lunga fila delle carrozze, con in testa la sfolgorante *daumont* delle Manfredini, avea fatto un giro per le Cascine, e allo svoltar del piazzone il principe era venuto loro incontro a cavallo. Allorché Velleda, distesa mollemente nella superba *calèche*, volse uno sguardo su quell'immensa piazza affollata, e vide tutti gli occhi fissarsi sui magnifici cavalli, sulle ricche livree di quell'uomo che stava dinanzi a lei col cappello in mano, il seno le si gonfiò con violenza.

Alberti ebbe il torto di congedarsi un po' bruscamente quella sera. Velleda gli aveva detto, piú freddamente del solito:

« Avete un carattere singolare davvero! »

Quand'egli si allontanò, l'accompagnò con uno sguardo carico di pensieri; poi alzò leggermente le spalle.

Il domani stavano per uscire in carrozza – carrozza da rimessa – e vedendo il suo fidanzato ancora imbronciato, Velleda gli disse ridendo, mentre si abbottonava il guanto:

« Orsú!... Sareste capace d'ingelosirvi del Metelliani? »

« No! » rispose Alberto con un po' di superbietta appunto da geloso.

« Alla buon'ora! » diss'ella; ma non rise piú.

XXVI

Al cominciar della primavera la contessa Armandi era partita per la campagna, e non s'era piú fatta vedere in casa Manfredini; soltanto era ritornata in giugno per due o tre giorni a Firenze, prima di andare ai bagni; ma il caso avea fatto sí che non si fosse piú incontrata con Alberto.

La signora Manfredini, senza saper perché, avea rimandato alla seconda quindicina del mese la partenza per Livorno, e perciò anche Alberti avea rimandato la sua. Velleda non faceva la menoma osservazione; però era divenuta bisbetica, capricciosa, lunatica, e qualche volta anche dura ed ingiusta verso il suo fidanzato. La madre prendeva le parti della figliuola, e faceva prevedere una suocera coi fiocchi, o piuttosto con gli artigli. Allora Velleda avea dei momenti di affezione piú espansiva del solito, quasi dei pentimenti, che col suo carattere sembravano piú straordinari.

Alberto avea tal'altra idea di Velleda, che avrebbe creduto oltraggiarla mortalmente se avesse confessato gli ingiustificabili ma invincibili assalti di gelosia che l'assalivano di tanto in tanto. Il Metelliani era cosí attempato, e cosí poco seducente, che egli non avrebbe giammai creduto possibile un pensiero di Velleda per quell'uomo. Don Ferdinando era divenuto intanto uno dei piú assidui frequentatori del villino Flora. La signora Manfredini trovava sempre modo di far cadere nel discorso questo fatto, e Velleda non poteva fare a meno di esserne lusingata internamente, poiché Don Ferdinando era l'idolo della società, e le piú nobili dame erano gelose di cotesta preferenza. Metelliani possedeva quella disinvoltura da gran signore, che adattasi egualmente alla impertinenza e alle belle maniere; l'omaggio rispettoso di quell'uomo superbo e sprezzante verso tutti gli altri, dovea lusingare enormemente l'amor proprio della fanciulla vanitosa; ella avea finito per ringraziarnelo con una parola graziosa, con un sorriso, con un'occhiata, sempre però accompagnati da quell'ombrosa riservatezza che era la sua piú bella attrattiva. Alberti soffriva come un dannato, arrossiva e indispettivasi contro sé stesso, ma senza potersi vincere. Volere o non volere, era lui solo che in mezzo a tanti sorrisi rappresentasse la parte di uggioso, e la mamma Manfredini glielo faceva intendere in tutti i modi; la figliuola, ch'era superbetta, si mordeva le labbra senza dir nulla.

« Vi sareste pentito d'avermi data la vostra parola? » gli domandò un giorno, smettendo di giocare colla cagnetta.
« Io!... come?.. Ma perché mi dite ciò?... » Velleda si mise ad inseguire cosí pazzamente Gemma pei viali del giardino che Alberto non poté aggiungere altro, e non osò buttarsi ai piedi di lei.

Siccome il Metelliani non trascurava occasione per dimostrare la sua premurosa amicizia verso le signore Manfredini, avea insistito per avere l'onore di accompagnarle all'ultima festa a Pitti. Le signore avevano accettato. Passando in mezzo a quella folla di uniformi, di decorazioni, di grandezze mondane, appoggiata al braccio di quell'uomo di cui il nome correva sulle bocche di tutti, che portava la testa alta nella casa del Granduca, Velleda sentí qualche cosa di mai provato, che le fece rialzare il capo con un impercettibile movimento, come se avesse voluto gettarsi sulle spalle a guisa di manto reale il ricco volume dei suoi capelli. Ella volse sul principe un'occhiata rapida e sfolgorante, nella quale sembrarono riflettersi lo scintillío delle decorazioni e dei ricami dell'uniforme di lui.

Che brutta sera pel povero Alberti, il quale dovette subirsi la mamma, e vide la sua fidanzata sempre a distanza, che si abbandonava con radiosa spensieratezza al piacere di esser corteggiata! Ei procurò di avvicinarsi alla contessa Armandi, per non rimaner né solo né colla suocera; ma anche la contessa gli volse le spalle – però senza che se ne fosse accorta, di certo – poiché incontrandolo poco dopo si mostrò amabilissima, prese il braccio di lui, e si mise a girare per le sale.

Dopo aver chiacchierato un bel pezzo d'argomenti diversi gli domandò con accento singolare:

« Si diverte? »

La domanda era semplicissima, ma Alberto si trovò imbarazzato a rispondere: « M'accorgo » disse alfine « che non son fatto per cotesti divertimenti. »

« Cosa vuole! Qualche volta bisogna sacrificarsi per gli altri. Velleda ci si diverte tanto! cotesto non è un piacere per lei? »

« Sí » rispose egli secco secco.

La contessa ebbe uno di quegli scoppi di ilarità che la rendevano formidabile; sicché Alberto si fece di porpora. Ma tosto ella, per dimostrargli in certo modo la vera causa di quel riso a doppio indirizzo, soggiunse:

« Quel povero Metelliani m'ha l'aria di un rajà indiano, cosí camuffato e carico di brillanti. »

Alberto saettò sul rajà romano uno sguardo che l'Armandi sorprese.

« Senza adulazione, sa ch'è un bel trionfo il suo? » gli disse. « Non dipenderebbe che da Velleda di vedersi deporre ai piedi tutti quei ninnoli, e di aversi la corona di principessa allo sportello della carrozza!... »

« Se le fossi grato di una simile preferenza mi parrebbe di insultare la mia fidanzata » rispose Alberto, cercando di adattarsi all'aria scherzosa dell'Armandi, ma con troppa vivacità.

La contessa gli piantò in viso uno sguardo acuto e un sorriso incredulo, e gli disse tranquillamente:

« Ella è geloso! »

« Io?... di colui!... »

« Superbo!... »

E si mise a solfeggiare col ventaglio la musica che suonavasi. « Ta... ta... ta... Vogliamo sederci qui? »

Cambiò discorso e si misero a guardare il via vai della folla.

Poco dopo passavano la contessina Manfredini e il principe Metelliani. L'Armandi non aveva detto una sola parola, ma troncò a mezzo la frase incominciata, e li seguí semplicemente collo sguardo. Velleda rivolse loro da lungi un grazioso cenno del capo.

« Verrà anche lei a Livorno? » domandò l'Armandi al principe.

« Sí. »

« Ma la Toscana se lo ruba addirittura! »

« Non domando di meglio che d'essere rubato, bella contessa. »

Ella scoppiò a ridere ironicamente, ma si fece rossa. « S'accomodi! » gli disse, volgendo a mezzo le spalle.

Anche Alberto s'era fatto di fiamma in viso; lanciò a Don Ferdinando uno sguardo provocatore, e gli disse colla voce leggermente tremante:

« È singolare però che ella cerchi da un pezzo! »

Velleda si morse le labbra, e colse il primo pretesto per allontanarsi.

« Cosa avete fatto, malaccorto! » esclamò l'Armandi allorché furono soli. « Vi siete perduto! »

« Come?... Perché?... »

« Avete fornito a Velleda le armi che ella cercava!... Lasciamoci, lasciamoci! »

Le signore Manfredini partirono com'erano venute, insieme ad Alberti. Velleda parlò poco, e smontando di carrozza gli porse la mano come al solito. Ei la lasciò un po' bruscamente.

Il giorno dopo, andando al villino Flora, gli fu detto che le signore erano in giardino; ma ci trovò soltanto Velleda, che stava passando in rivista i suoi fiori. La ragazza lo salutò freddamente, continuò a discorrere per un cinque minuti col giardiniere di cardenie e di magnolie, rispondendo con monosillabi alle domande di Alberto, e poscia s'incamminò lentamente verso casa, precedendolo, di qualche passo. Prima di giungere all'uscio, si fermò su due piedi, e gli disse, voltandosi verso di lui:

« Alberti, vi prego di ripigliarvi la vostra parola. »

Egli rimase un istante sbalordito. « Perché? » balbettò.

« Non ci abbassiamo entrambi con spiegazioni superflue, voi sapete il perché assai meglio di me. Siete liberissimo di seguire le vostre inclinazioni, ma vi prego di rispettarmi tanto da non farmene spettatrice. Lasciamoci tranquillamente, da gente ammodo, da buoni amici, sinché vi è tempo.

Alberto non diceva una parola, e rimaneva come di sasso; fissando lei che giocherellava in aria distratta coi fiori che aveva colto. « Sentite, Velleda! » esclamò quindi con uno slancio d'affetto; « vorrei poter baciare la sabbia che calpestate!... Grazie!... »

La contessina lo guardò attonita. « Di che?... »

« Siete gelosa!... Dunque mi amate ancora! »

Velleda aggrottò il sopracciglio e parve un istante turbata ed esitante. « Chi v'ha detto ch'io sia gelosa? » rispose poscia alteramente.

« Ma dunque?... Ma perché?... Ma allora perché volete lasciarmi? »

Dopo alcuni istanti la giovanetta rialzò il capo che teneva chino, e rispose lentamente:

« Perché non ci conveniamo... Ci siamo sbagliati. Rimediamoci, finché siamo in tempo. »

« E il rimediarci non vi costerà nulla? » domandò Alberto pallido come cera.

« Nulla! » diss'ella dopo alcuni istanti.

« Rimediamoci allora! »

Fecero alcuni passi in silenzio.

« Noi partiremo doman l'altro per Livorno » riprese Velleda con voce calma. « Questa sera andremo in casa Armandi e domani faremo le ultime visite di congedo; quindi saremo occupatissime sino al momento della partenza; cosí potremo far tacere le ciarle degli indiscreti, per adesso. Durante la stagione dei bagni avremo poi tutto il tempo per disporre le cose nel modo piú conveniente... »

Alberto s'inchinò in silenzio.

« È inutile che riveda vostra madre? » le domandò.

« È inutile; sa tutto. »

Ella gli stese mollemente la mano, sfiorò appena quella di lui, ed entrò in casa.

« Povera Adele! » mormorò Alberto, come se allora soltanto indovinasse quel che avea dovuto soffrire la povera cugina, quando il piú acuto dolore della vita l'aveva addentata.

XXVII

Il marchese Alberti trovò a casa sua un biglietto di partecipazione delle prossime nozze dell'amico Gemmati colla cugina Forlani.

"Alcune volte il caso ha una logica singolare!" egli pensò.

Il suo vecchio domestico venne a recargli il lume verso le otto, quantunque egli non l'avesse domandato, e gli chiese discretamente se si sentisse male, e se volesse desinare in casa.

« No » rispose Alberto. « Sai, Toni? l'Adele si marita! Sposa Gemmati! »

La contessa Armandi abitava un bellissimo appartamento a Porta San Gallo e siccome ci aveva un giardino annesso, riceveva ancora, malgrado che la stagione fosse inoltrata di molto. Alberto verso le dieci andò a Porta San Gallo, e fece rimettere il suo biglietto di visita alla contessa.

Ella venne ad incontrarlo all'uscio della sala. Era troppo gran dama per fargli nessuna domanda; ma era troppo donna per resistere alla tentazione di lanciargli la sua unghiata.

« Che fortuna!... finalmente! » gli disse stendendogli la mano.

Alberto sembrava calmo, ed aveva un sorriso nervoso che poteva passare per disinvolto. Sedendole accanto sul canapè, la ringraziò di aver tolto la consegna che gli vietava di passare la porta di lei.

« Non mi ringrazi, ché non ci ho nessun merito... » rispose l'Armandi piantandogli in volto come punti interrogativi gli occhi e il sorriso.

Era ancor troppo presto, e la contessa ed Alberti stettero soli una mezz'ora a discorrere di cose indifferenti.

« E le signore Manfredini? » domandò sbadatamente l'Armandi.

« Verranno piú tardi... probabilmente. »

La contessa lasciò passare quel *probabilmente*, e cambiò discorso.

A poco a poco incominciarono a venire gli amici di casa, e l'Armandi presentava il marchese Alberti come se fosse arrivato dall'Australia. La conversazione si fece generale. Verso le undici entrarono le Manfredini coll'inseparabile Don Ferdinando. La contessa, alzandosi per andarle a ricevere, strinse furtivamente la mano ad Alberto, e gli sussurrò sottovoce queste parole:

« Giudizio, mi raccomando! »

Velleda possedeva una perfetta disinvoltura, e sebbene la presenza inaspettata di Alberti in casa Armandi dovesse sorprenderla, non ne mostrò nulla. Metelliani sembrava raggiante; la contessa Manfredini era maestosa. Alcuni si erano messi a giocare; una bella signora bionda canticchiava, provando della musica al piano, sottovoce; il crocchio principale era fra le due finestre della sala, presso il canapè, dove si trovarono l'Armandi, le due Manfredini, Don Ferdinando ed Alberto. Si facevano molte parole, perché quasi tutti gli attori di quella scena avevano una preoccupazione da nascondere. Alberto faceva pompa di una gaiezza febbrile che scoppiettava in paradossi e in epigrammi. Velleda, dopo avergli lanciato di nascosto due o tre occhiate fra sorpresa e curiosa, avea preso parte alla conversazione col brio che le era solito. L'Armandi, a guisa di abile capo d'orchestra, dirigeva la rappresentazione, e dava il tono alla conversazione generale.

In quel tempo non facevasi che parlare a Firenze di una povera ragazza, la quale si era asfissiata col carbone, perché volevano costringerla a sposare un tale, mentre amava un altro. La novità di quel genere di morte, la morte dei poveri di borsa e d'animo, avea messo in moda quell'argomento: nei saloni aristocratici se ne discorreva molto, e le signore vi sciorinavano sopra il loro sentimentalismo profumato. La sola Armandi avea indovinato esser quello un argomento scabroso, e cercava di cambiar discorso; ma Alberto vi si attaccava con avida ostinazione, come se si sentisse forte su quel terreno, e sfoggiava a proposito un cinismo provocante.

« Scommetto che il fidanzato proposto a questa ragazza non era ricco » diss'egli.

« Perché? » domandò imprudentemente la signora Manfredini.

« Perché se fosse stato ricco la ragazza si sarebbe rassegnata a sposarlo, invece di suicidarsi. »

« Che orrore! » esclamarono le signore agitando il ventaglio.

« Signore mie, noi non possiamo giudicare su di ciò colle idee nostre. Quella era una povera popolana... »

« E per questo?... Non poteva amare?... » interruppe Don Ferdinando, che trovavasi nel quarto d'ora di tenerezza.

Alberto gli rise in faccia insolentemente.

« O che ci ha a fare l'amore con cotesto?... »

Le signore erano imbarazzate, compresa l'Armandi, che non sapeva qual contegno prendere. La signora Manfredini s'era fatta rossa come un tacchino; ma la figliuola era rimasta perfettamente padrona di sé, facendosi vento però con un poco d'animazione. Ella sola ebbe il coraggio di lottare colle medesime armi, contro quel disperato che ubbriacavasi di epigrammi.

« Ha notizia di sua cugina Adele? » gli domandò tranquillamente, come per sviare il discorso.

« Mia cugina sta benissimo, e sposa il mio amico Gemmati » rispose Alberti collo stesso tono.

« Ella dunque non crede all'amore! » insisté Metelliani con cocciutaggine presuntuosa e cercando di comprometterlo agli occhi di Velleda, poiché anch'egli era geloso di Alberto.

Questi gli piantò gli occhi negli occhi; e rispose ironicamente:

« L'argomento comincia ad annoiare coteste signore. Vogliamo fare una partita a carte piuttosto? »

Il principe parve esitare: ma infine inchinò il capo e lo precedette al tavolino. Mentre Alberti lo seguiva l'Armandi gli disse piano:

« Alberto! »

Egli non s'avvide dell'accento turbato e della parola confidenziale; la rassicurò con un sorriso stentato, e passò nell'altra sala.

I due giuocatori sedettero di faccia. L'Armandi, inquieta, venne ad appoggiarsi alla spalliera di una seggiola, mostrando prendere un grande interesse alla partita. Velleda non si tradiva; ma era inquieta anch'essa, e ronzava per la sala da gioco con un'irrequietezza che non sapeva padroneggiare. I due avversari, seduti in modo che quasi si toccavano, non alzavano gli occhi dalle carte; si mostravano completamente assorti nel giuoco, e al lume delle candele sembravano pallidi.

Alberti giocava come un uomo che ha la febbre, o che perde sulla parola. I suoi occhi fissavansi di tanto in tanto scintillanti sul volto del principe, che rimaneva impassibile, e all'ombra della ventola pareva di marmo. Metelliani era troppo uomo di mondo per dare ad Alberti il menomo pretesto ad una provocazione. Giuocava freddamente, da gran signore, ed era fortunato come un milionario. Tutt'e due non dicevano che le sole parole indispensabili, il principe con la sua flemma inalterabile. Alberto armandole di tutte le punte dell'epigramma, senza che riescisse a far balenare gli occhi del suo avversario, o far imporporare il suo volto. Egli perdeva sempre. Infine, come se quell'imperturbabilità calcolata gli avesse fatto perdere la testa, si alzò, buttò con piglio insolente sul tavolino il denaro, e disse a Don Ferdinando:

« Ella mi ha domandato se credessi all'amore. Adesso che siamo soli le dico che ci credo quando invece di guadagnarci qualcosa ci si rimette – come credo all'onestà del giuocatore quando non vince sempre. »

E rimase ritto dall'altro lato del tavolino, provocando ancora coll'attitudine. Il principe alzò finalmente gli occhi su di lui, si lisciò la barbetta, e rispose freddamente:

« Io ho centoventimila scudi di rendita, caro signore. »

Si alzò anche lui, e gli volse le spalle.

Alberto sentì una mano tremante che l'afferrava pel braccio.

« M'aveva promesso! » gli disse l'Armandi, pallida anche essa.

Ei si passò una mano sulla fronte, come per mettere a sesto le sue idee.

« Ha ragione!... Le chiedo perdono! Non so dove abbia la testa! »

Rimasero silenziosi tutt'e due, ritti presso la finestra.

L'ultima carrozza, ch'era quella delle Manfredini, passò la porta. Alberto si celò il viso fra le mani e scoppiò in pianto.

« Soffrite anche voi!... finalmente!... » proruppe l'Armandi con accento intraducibile.

Alberto rimase sbalordito da quella eplosione violenta di un sentimento inesplicabile che quella donna avea celato sotto la frivolezza, che irrompeva pieno di collera e di lagrime. Egli le afferrò le mani, e la guardò alcuni istanti con mille confusi sentimenti negli occhi ardenti di lagrime.

« Voi! » esclamò.

La fiamma dell'orgoglio asciugò in un lampo gli occhi di lei.

« No! » disse ella corrucciata e con impeto. « V'ingannate! »

Egli non l'ascoltava: avea la tempesta nell'anima. Ella

strappò con violenza le mani da quelle di lui, si rizzò in tutta l'altezza della sua bella persona, e rimase un momento cogli occhi chiusi, premendosi il petto colle mani.

« Alberto! » disse quasi pacatamente. « Sappiate che non sono una bimba! »

Alberto levò il capo, la guardò stralunato, quasi non comprendesse quello che avveniva al di fuori di lui, e poi balbettò:

« Perdonatemi!... son pazzo... »

E quindi proruppe con amarezza disperata:

« Sì, son pazzo... guardate! »

« Lasciamoci amici » disse la contessa dopo una breve pausa, « amici schietti. »

XXVIII

Non erano ancora le otto del mattino, e Alberto stava già per uscire di casa, allorché Toni venne a dirgli che una persona, la quale dovea parlargli di cosa che premeva, l'aspettava in legno alla porta.

Alberto vide rincantucciata nell'angolo del fiacre una signora velata.

Com'egli fu seduto, l'Armandi gli disse con animata concisione:

« Cosa pensa di fare? »

« Nulla. »

« Nulla è troppo poco! Stava già per uscire alle otto di mattina! Avevo dunque ragione di essere inquieta! »

« Ebbene » riprese dopo un breve silenzio « mi dica la verità... vuol battersi? »

Alberti chinò il capo senza rispondere.

« Il principe Metelliani è religiosissimo, e non usa battersi. Cosa potrebbe fare per costringervelo? Schiaffeggiarlo? ei ricorrerà ai tribunali e per vendicarsi lo farà insultar moralmente da un suo domestico che sarà lietissimo di buscarsi una discreta mancia andando in prigione pel suo padrone. Non faccia follíe, per carità! Non gioveranno a nulla. »

« È vero. » rispose Alberti in tono breve.

« Abbiamo detto di essere amici schietti, ed ho perciò il diritto di darle dei consigli. Anzitutto perché si batterebbe? per dispetto o per gelosia? »

« Non lo so... » rispose il giovane dopo una pausa.

« Non lo sa?... diggià! » diss'ella con un gaio sorriso, « alla buon'ora! »

Andavano pel gran viale delle Cascine. L'aria era ancor fresca, il cielo azzurro, e i grandi alberi si elevavano dai due lati come immense muraglie di verdura. Per lungo tratto Alberto e la contessa rimasero silenziosi, guardando distrattamente i boschetti. Infine il giovane rivolse due o tre occhiate furtive su di lei, e disse esitando:

« M'ha perdonato davvero? »

« Che cosa?... » domandò ella saettandogli uno sguardo penetrante.

Egli ammutolí; ma la contessa, senza dargli il tempo di aprir bocca, aggiunse con uno scoppio di riso civettuolo:

« Ah!... Non ci pensavo piú! »

L'Armandi, malgrado la bizzarria del suo carattere, s'era mostrata, come avea promesso, amica schietta e vera d'Alberti nell'uggioso periodo che aveva seguito la rottura di lui colla Manfredini. Egli andava a trovarla piú spesso, e distraevasi chiacchierando con lei di cose indifferenti e sfogando l'umor nero. La contessa possedeva la rara qualità di saper ascoltare. Piú di una volta il giovane avea sorpreso sé stesso in muta contemplazione di quella mano fina e aristocratica che carezzava indolentemente il nastro della gorgierina, o gli sgonfietti del *fisciú*, e almanaccava dove l'avesse vista un'altra volta.

L'Armandi partiva anch'essa pei bagni, e a poco a poco Alberto aveva finito per andarla a trovare quasi ogni giorno. Alla vigilia della partenza entrambi s'erano fermati piú a lungo del solito sul terrazzino a contemplare gli ultimi raggi del sole che moriva. Alberto era taciturno, ed anche la contessa aveva parlato pochissimo.

« Non è punto allegro stasera! » diss'ella come per scacciare la tristezza che invadeva anche lei.

« Si fermerà lungo tempo ai bagni? »

« Dipenderà da mio marito; ma poi andremo sul lago di Como. »

Ei chinò il capo e rimase zitto. Anch'essa divenne astratta.

Poi gli disse abbassando la voce, senza che ne sapesse il perché ella medesima:

« Veramente... le rincresce ch'io parta? »

« Sí » rispose Alberto senza alzare il capo.

La contessa ammutolí di nuovo. Infine ella gli prese la mano, e gli disse dolcemente con voce commossa:

« Io non vi amo, non posso amarvi, e non vi amerò giammai. Dopo quel ch'è stato fra di noi non possiamo esser altro che amici. Volete? »

Ei strinse la mano ch'ella gli porgeva, senza avere il coraggio di dire una sola parola.

Il giorno dopo Alberti era andato a dire addio alla contessa. Nel momento di lasciarsi ella gli domandò:

« Verrà a trovarmi sul lago? »

« Sí. »

« Non manchi. Venga verso la metà di settembre. »

E dopo alcuni istanti:

« Adesso cosa farà? Rimarrà a Firenze tutta l'estate? »

« Non lo so. »

« Vada in campagna, ai bagni – viaggi. Ella ha bisogno di distrarsi, dia retta alla sua amica... E soprattutto cerchi d'innamorarsi, ma con giudizio, veh! tanto da non perderci la testa... Addio. »

XXIX

La contessa avea promesso ad Alberto di scrivergli; ma non ne avea fatto nulla. Ella fu alcun poco sorpresa e, diciamolo pure, anche indispettita, di non veder giungere nessuna lettera del marchesino. Questi, dall'altro lato, incaponivasi a non scriverle, perché ella non s'era curata di mandargli un sol rigo – ed entrambi, senza avvedersene, si tenevano il broncio, proprio come due innamorati. La donna combatteva anche colla curiosità di figlia d'Eva, e fu vinta la prima.

"Amico mio – gli scrisse – è morto? è vivo? dov'è? Poiché i giornali non recano notizia di lei, permetterà alla sua amica che se ne informi direttamente. Ha dunque seguito il mio consiglio? Innamorato diggià? O s'è fatto trappista? Promise di venirmi a trovare sul lago verso la metà di settembre, e siamo già alla fine."

Al ricevere questa lettera Alberto s'era rammentato dei dolci e melanconici tramonti sull'Arno, quando la contessa gli stava accanto pensierosa; ma leggendone il contenuto cadde dal settimo cielo, e come un fanciullo che era, ebbe la temerità di voler lottare sul medesimo terreno e colle armi medesime con chi era più forte di lui. Rispose:

"Ho seguito i suoi consigli: *ho viaggiato!* sono a Milano, e mi diverto mezzo mondo. Sono innamorato *con guidizio* di una bella tosa che avevo conosciuta ad un veglione della Pergola, e che rividi qui in una certa cena che un mio amico – ho molti amici – il quale prende moglie, ci dava per farla finita colle follíe. Si chiama Selene – l'amata – (bel nome da palcoscenico, n'è vero?) ballerina al regio teatro della Scala, *prima quadriglia, marcia in punta di piedi come niente fosse,* e ci vogliamo un bene da non dire. Vedendomi, ella mi riconobbe subito, e fece un *oh!* che ci rendeva amici vecchi. Mi chiama *biondino*. La nostra amicizia è stata facile e pronta, ed è per questo senza una nube. Ella vede dunque, amica mia, che non c'è nulla da temere per la mia testa. Noi non ci strappiamo i capelli, non abbiamo più il meschino geloso da sfidare, o il più piccolo balcone da scalare; non c'è la più innocente lagrima, neppur l'ombra di una vera e grande passione... Ma tant'è, si campa lo stesso. La mia Selene è molto bella – nient'altro – e mi dice molte cose gentili alla sua maniera – fra le altre che mi vorrebbe bene, fossi anche povero come Giobbe, e che il mio portamonete non ci ha nulla a vedere nella mia felicità. Io le credo sulla parola, e l'ho divezzata dalla birra. Ella m'insegna un po' di *meneghino*, cosí ci perfezioniamo a vicenda. Alcune volte, è vero, rimane a fissarmi con tanto d'occhi spalancati – ha occhioni magnifici – come se le stessi a parlar turco; ma sarà perché non capisce bene il mio toscano, o perché l'annoio colle mie fantasie – ma le son fantasie e passeranno. A proposito di fantasie, sa? la contessina Manfredini è andata a Castellamare col principe Metelliani – e la mamma, ben inteso. – Son passati per Firenze. Tutti dicevano colà che ci ritornerà o principessa o morta.

"Conclusione: Se mi facessi trappista non avrei torto?"

La contessa stava per rispondere con una lettera che incominciava: "Ella è proprio sulla via di farsi trappista!". Ma si pentí e stracciò il foglio. Alberto, che cuocevasi d'avere una risposta, dopo due giorni non seppe piú continuare la sua parte, e scrisse:

"Contessa mia, non so davvero perché, ma son triste come un mortorio; quella povera ragazza non ci ha colpa, ma io nemmeno. Ho deciso di cambiar aria, ed ho bisogno che Ella mi sgridi e mi consigli come un ragazzo che sono. Mi rammento che costà, *sulle rive del Lario*, ci dev'essere una certa mia villetta, la quale era destinata ad essere il mio nido nuziale. Scaccio la paura delle nozze, e vengo a rannicchiarmi domani stesso: ne avremo 30 del mese. Giacché è scritto che le mie visite debbano giungere sempre in ritardo, vorrà permettermi di presentarmi a lei domani nella serata?".

Leggendo quella lettera la contessa sorrise, e poi si fece seria. Rilesse due o tre volte le poche righe, consultò il calendario, si mise al tavolino per iscrivere, e infine chiuse la lettera nel cassetto, e si alzò.

XXX

La giornata era stata calda e burrascosa, ma la sera era incantevole. La luna sorgeva dietro i monti, alcune bianche nuvolette erano ancor disseminate pel cielo, il lago sembrava color d'acciaio, solcato qua e là da bianche strisce luminose; di quando in quando, a lunghi intervalli, un soffio di fresca brezza faceva stormire gli alberi e fiottare le acque sommessamente.

La contessa Armandi avea passato una di quelle giornate bisbetiche nelle quali avrebbe dato non so che cosa per poter dire che aveva l'emicrania: s'era sentita stanca, inquieta, nervosa, uggita; s'era aggirata pel salotto, si era guardata nello specchio, s'era messa alla finestra, poi avea cominciato a leggere, avea buttato il libro da banda e s'era appoggiata all'*étagère*, a guardare sbadigliando la lancetta dell'orologio, ed era rimasta a guardarla mezz'ora senza accorgersene. Infine aprí il pianoforte, e si mise a suonare, dapprima svogliatamente. Ad un tratto udí gente al cancello; allora fece un movimento.

« Il marchese Alberti » annunziò il domestico.

La contessa assentí del capo, senza voltarsi, e continuò a suonare.

Alberto entrò, si accostò al piano, e si mise dietro a lei; ella lo salutò con un cenno del capo, senza volger gli occhi su di lui, animandosi contro una difficoltà di Schubert.

Infine smise bruscamente di suonare, e si alzò.

« Che peccato! » esclamò Alberto. « Continui, la prego! »

« No, mi annoia... Come sta? »

« Benissimo; ma ella non sta bene. »

« Io? s'inganna. Com'è venuto? »

« In barca, dal lago. Ho sentito la sua musica accostandomi alla villa, e avrei fatto meglio standomene ad ascoltare laggiú... »

« Avrebbe fatto peggio, perché m'annoiavo orribilmente. Le piace quel pezzo? »

« Moltissimo. »

« Lo suoni adunque. »

« Volentieri, se lo desidera. »

« Non per me! » diss'ella voltandogli le spalle.

« Per chi, allora? »

« Ma... per coloro che sono sul lago... pei pescatori. »

Alberto era rimasto immobile; indi le si avvicinò e andò

a sedere presso di lei, che s'era messa sul canapè, scartabellando un libro nuovo. »

« Cos'ha? » le domandò piano, dopo avere atteso inutilmente ch'ella levasse gli occhi.

« Nulla. Cosa mi trova? È stata una brutta giornataccia, ecco tutto. »

« E son venuto in un brutto momentaccio? »

« Al contrario, l'aspettavo. »

« Cosa legge? »

« Una sciocchezza » e buttò via il libro: « suoni qualcosa, dunque! »

« Cosa desidera che suoni? »

« Quel che vuole... Quell'*Addio* di Schubert. »

« Ma se non le piace... »

Ella si strinse nelle spalle con un movimento inimitabile. Alberti si mise al piano. L'Armandi s'appoggiò al leggio, poi incominciò a leggere della musica, infine andò a riprendere il libro che avea buttato via.

Alberti si volse, smise di suonare, e stette alcuni minuti cogli occhi fissi su di lei, il gomito appoggiato al pianoforte e la fronte sulla mano. Ad un tratto si alzò, e si avvicinò al canapè.

« Avete finito? » domandò l'Armandi levando gli occhi con sorpresa su di lui.

« Sí » rispose Alberto sbadatamente.

Ella sorrise, e chiuse il libro.

« Cosa fa a Bellagio? c'è molta gente? si diverte? si annoia? »

« Sí » rispose Alberto sbadatamente.

L'Armandi gli rivolse uno sguardo fra il distratto e il penetrante, e si diede da fare per rassettare gli oggetti che erano sulla tavola.

« La sera è bella? » domandò poscia senza pensare a quel che diceva.

Ei volse gli occhi alla finestra spalancata, che incorniciava il piú bel chiaro di luna, e rispose:

« Bellissima. »

« È stato sul lago, oggi? »

« Son venuto in barca, gliel'ho detto. »

Il discorso, privo d'alimento, cadde del tutto. La contessa si guardava attorno, come cercando un pretesto per rompere quel silenzio.

« Sul tavolino ci son dei sigari » gli disse « fumi pure, siamo in campagna. »

« Grazie. »

« Mi racconti che c'è di nuovo? Cosa si dice da quelle parti? »

« Si dice che i bigatti vanno benone. »

« Ah! Avremo della seta a buon mercato dunque? »

« Certamente! »

« Che fortuna! »

Improvvisamente l'uscio s'aprí, ed entrò correndo una graziosa bambina di quasi cinque anni, che andò a buttarsi nelle braccia della contessa.

« Adagio, cara! » esclamò la madre baciandola. « Cosa dirà il signore di una bimba che entra cosí all'impazzata? »

La bambina si volse a guardare il signore coi grandi occhi timidi e curiosi. Alberto le disse cingendola colle braccia:

« Mi permette che le dia un bel bacio, signorina? »

La bambina seria seria acconsentí col capo, e sporse la guancia rosea.

« Com'è bella, e come le somiglia! » disse Alberto baciandola.

La contessa suonò un po' vivamente, e consegnò la figlia alla governante.

« Perché rimandarla?... » domandò Alberto, sorpreso da quel brusco congedo.

« È tardi per lei, sono quasi le dieci » rispose ella secco secco.

Alberti si alzò.

« Ma io non sono una ragazzina! » disse ridendo la contessa, e ritirò la mano che egli le stringeva per andarsene.

« Son venuto in un cattivo momento davvero! »

« No. »

« Non la disturbo? »

« Parli, taccia, legga, suoni, ma non mi lasci sola con la mia noia, ché sarei capace di buttarmi nel lago » diss'ella col medesimo sorriso.

« Tanto meglio! »

L'Armandi gli rivolse una tacita interrogazione, e si appoggiò alla spalliera del canapè, contemplando i disegni della ventola.

Successe un lungo silenzio.

« E la sua ballerina? » domandò quasi sbadatamente.

« Sta benissimo » rispose Alberti senza levare gli occhi dall'album.

E tacquero nuovamente.

Tutt'a un tratto Alberti le piantò gli occhi in viso e domandò:

« Perché mi domanda della mia ballerina? »

« Cosí... per parlare di qualche cosa... »

Ei chiuse l'album, si alzò, andò a vedere l'ora che segnava l'orologio, e tornò a sedersi senza aprir bocca.

La contessa l'avea seguito collo sguardo, e s'era fatta pensierosa. Alla sua volta gli piantò gli occhi in faccia anche lei, e gli disse:

« Perché le rincresce che le parli della sua ballerina? »

« Non mi rincresce » rispose Alberti un po' bruscamente.

« Ho bisogno di rammentarle i nostri patti? » riprese l'Armandi dopo una lieve esitazione. « Non siamo piú amici come prima? Non ho piú il diritto d'interessarmi a lei? di darle dei consigli all'occorrenza? Ella è giovane e pieno di cuore – troppo, forse. – Non le ho detto che quella ragazza le conviene, giacché non è pericolosa per la sua immaginazione? »

« Grazie. »

Successe un lungo silenzio.

« M'ascolti » riprese infine la contessa, mentre Alberti stava a capo chino. « Le ho parlato sempre con tanta schiettezza, che non le ho lasciato nemmeno il diritto di essere ingiusto. Sa che non l'amo, e che non l'amerò giammai, ma che le voglio un gran bene – in un altro modo – e che la sua amicizia mi è carissima. Però il giorno in cui ella mi amerà sarà un gran male, ci pensi! Se avrò un amante lo dirò a lei per primo – nient'altro – per provarle la schiettezza dei miei sentimenti, e costringerla a rimanere quello che desidero ch'ella sia per me. Le basta? Potrà promettermi di mantenere sempre dentro cotesti limiti le nostre relazioni? Ella è un uomo d'onore – parta o rimanga. »

Alberto rimase alcuni istanti silenzioso. Poscia rispose:
« Ha ragione. »
La contessa gli strinse la mano.
« Stasera sono stata bisbetica, e forse anche cattiva » riprese gaiamente. « È affar di nervi; mi perdoni, amico mio. Vuole che le suoni qualche pezzo per ricompensarlo della noia? »
« Sí » rispose egli distratto.

L'Armandi si mise al piano, e suonò lungamente senza interrompersi. Alberti sembrava ascoltasse attentamente, silenziosamente, e quand'ella si alzò, un po' stanca, non aprí nemmen bocca per ringraziarla.

Lei, seduta nell'angolo piú oscuro, taceva da un pezzo; il silenzio era profondo; di tanto in tanto un soffio di brezza spingeva verso l'interno del salotto le tende del balcone e il profumo dei fiori ch'erano sulla terrazza; dalla finestra aperta vedevasi la superficie del lago incresparsi in strisce argentee.

Infine la contessa si alzò senza dire una parola e andò lentamente sulla terrazza. Alberti la seguí. Si appoggiarono alla balaustrata, guardando il lago. Non si vedeva un lume; mezzanotte suonava lontano.

« Diggià! » mormorò l'Armandi.

Alberto prese il cappello per andarsene. Ella rispose appena al suo saluto, e non si volse nemmeno per vederlo partire. Udí vagamente chiudersi l'uscio del vestibolo, e poco dopo i passi di lui nel viale.

« La sua barca è laggiú? » domandò all'improvviso e con vivacità dall'alto della terrazza.

« Sí. »

« Sa remare? »
« Credo di sí. »
« Rimandi il barcaiuolo, e m'aspetti. »
Dopo pochi momenti egli se la vide comparire dinanzi infilandosi i guanti, con un velo sul capo, il viso bianco e serio, gli occhi luccicanti.
« Sa proprio remare? » replicò brevemente e senza volgere gli occhi su di lui.
« Sí, sí. »
Ella saltò nella barca senza aggiungere altro, e sedette a poppa.
La barchetta scivolò sulle acque tranquille, e allorché furono molto lontani dalla sponda Alberto lasciò i remi. La contessa guardava in silenzio la striscia luminosa che fuggiva dinanzi a loro sulla superficie bruna del lago, e l'acqua che s'increspava scintillante intorno ai remi. Stava mezzo sdraiata sui cuscini, tenendo il capo un po' arrovesciato indietro sul tappeto che sfiorava le acque, e guardando in alto; di tanto in tanto saettava uno sguardo su di Alberto, che teneva gli occhi rivolti altrove, e non diceva motto. Il silenzio aveva un fascino voluttuoso; quella pallida luce sembrava versare onde di non so qual nebbia seduttrice; un'ora suonava. La donna rivolse indolentemente il capo verso il luogo dove echeggiavano ancora gli ultimi rintocchi, e tutt'a un tratto, fissando in volto ad Alberto gli occhi luccicanti, e bruscamente, ridendo quasi ironica, gli disse:
« Marchese Alberti, se in questo momento ci fosse anche in voi il conte Armandi, e se una metà del vostro individuo giurasse all'altra metà di non essere l'amante di vostra moglie, lo credereste? »
Alberto rimase sbalordito. Poi si rizzò di botto, e le disse con voce tremante e soffocata:
« Perché vi trastullate col mio cuore come con un cencio? »
Ella s'era alzata anche lei; si teneva ritta sulla poppa, leggermente pallida, cogli sguardi smarriti, le labbra smorte e sorridenti.

« No, Alberto!... Dico per ischerzo... » rispose con uno scoppiettío convulso.

Ei le afferrò le mani.

« Aspettate! » diss'ella seria, risoluta, e con voce concitata. « Giuratemi che non è un capriccio il vostro! »

« Oh!... »

Il brusco movimento di lui minacciò di far rovesciare la barchetta. La contessa vacillò, mise un piccolo grido.

« Non cominciamo dalla fine! » disse.

I primi chiarori dell'alba imbiancavano il cielo quando la barca toccò la sponda. La luna era smorta, il lago sembrava piú scuro; la contessa era pallida, pensosa, sembrava pentita. Saltò vivamente sulla riva per non toccare la mano che il giovane le offriva; spinse la barchetta bruscamente col suo stivalino, e s'incamminò a passo lento verso il cancello, guardando con occhi distratti il lume che ardeva ancora nel salotto.

« Addio » gli disse con voce incerta, senza guardarlo, a capo chino.

XXXI

Alberto s'incamminò lentamente andando alla ventura, col sigaro in bocca, il viso pallido, l'occhio ardente e fisso dinanzi a sé, guardando macchinalmente il lago, i monti, la gente che incontrava. L'aria fresca del mattino facevagli dilatare i polmoni con forza, e sembrava infondergli un'esuberanza di vita. Il canto degli uccelli, i mille profumi dei campi, i primi raggi del sole lo penetravano vagamente, sottilmente, con un'altra fisonomia, quasi gli appartenessero e fossero al mondo soltanto per lui, incarnandosi confusamente in una immagine fitta nel cervello, nel cuore, dinanzi agli occhi. Il suo pensiero era inerte e vertiginoso; tutti gli avvenimenti di quella notte si urtavano confusamente nella sua memoria fra di loro, e l'abbagliavano con una specie di luminosa intermittenza. Non avrebbe saputo esprimere quel che provava, se era felice oppur no; sentiva un gran sbalordimento, un desiderio febbrile, un'immensa gioia tumultuosa, inquieta – e *lei*, sempre là, dinanzi agli occhi, dentro di sé, dappertutto.

Le vie cominciavano a popolarsi, il lago formicolava di barchette, e Alberti gironzava sempre attorno a quella villa che esercitava un fascino su di lui. *Ella* doveva esser lí, dietro ogni persiana, ansiosa, bramosa come a cercarlo anche lei cogli occhi, colle reminiscenze, colla fantasticheria. Contemplava quella terrazza ov'erano stati insieme, quella balaustra alla quale *ella* s'era appoggiata, quella scalinata per la quale era discesa, quel lago sul quale s'era cullata mollemente la loro barchetta, circondata di tenebre discrete, dolci, misteriose. Tutte quelle cose adesso erano inondate di sole, senza ombre, senza veli, petulanti. – Udiva dentro di sé quella parola *"m'aspetti"* – e quel piccolo grido soffocato.

Verso le undici non poté piú resistere al desiderio di rivederla, come se l'avesse lasciata da un secolo, ed andò. La cameriera gli disse che dormiva. Ei se lo fece ripetere due volte, quasi non fosse ben sveglio egli pure, e volse le spalle. Poi tornò indietro, e lasciò per lei il suo biglietto di visita, sul quale scrisse in inglese col lapis:

"Invidio voi che potete dormire."

Andò all'albergo, si buttò sul letto, e dormí due o tre ore un sonno da ubbriaco. Una lettera di lei venne a svegliarlo di soprassalto.

"Amico mio, – diceva – verrete domani alle quattro? Avrò anche la signora Rigalli, e faremo della musica. Conto su di voi. Oggi sono a pranzo dai Corvetti."

Il carattere era elegante, tracciato con mano sicura, la firma era per intero: "Emilia Armandi".

Il povero giovane stette mezz'ora voltando e rivoltando fra le mani quel fogliettino profumato, e rileggendo quelle due righe cosí semplici, cosí chiare, che non riusciva a comprendere.

Ei passò tutto il giorno in una specie di sonnolenza e di sbalordimento, pensando a lei, a che cosa stesse facendo, a che cosa fosse accaduto, al perché gli ordinasse di non vederla sino all'indomani, al come ella potesse aspettare sino a questo domani senza soffrire al par di lui. Trasaliva al ricordarsi con miracolosa precisione le parole di lei, il tono della sua voce, il profumo dei suoi capelli; stava guardando il lago, quel medesimo lago che cominciava a farsi bruno, e su cui le stelle cominciavano a scintillare. Fra il disordine delle sue idee ce n'era una più insistente delle altre: perché ella gli avesse fatto promettere di buttarsi nel lago, e perché poi non gliel'avesse ordinato. Sapeva che non l'avrebbe obbedita, e che quel tale amore lo rendeva vile?

Il giorno dopo, avviandosi verso le quattro alla villa Armandi, incontrò la signora Rigalli che andava ad imbarcarsi insieme ad un'allegra brigata.

«Non va dalla contessa Armandi?» le domandò con un po' di sorpresa.

«No. L'Emilia doveva anzi venire con noi, ma stamane m'ha scritto che ha cambiato idea. Vuol essere dei nostri?»

«Grazie, non posso»; e si allontanò almanaccando perché l'Armandi in un biglietto di tre righe ci avesse cacciato anche la musica e la signora Rigalli.

Trovò la contessa nel suo salotto, sul suo canapè, circondata dai suoi amici e dalle sue amiche; fu accolto col miglior sorriso, e fu presentato agli altri senza il menomo imbarazzo. Ella era perfettamente padrona di sé, piena di brio e disinvoltura – scherzò anzi coll'aria un po' stralunata di lui – parlò di corse sul lago, di partite di piacere, delle avventure dei bagni. Un tale domandò del conte Armandi, ch'era ancora a Torino, sebbene la sessione fosse chiusa da un pezzo.

«Verrà quanto prima,» rispose la contessa «appena terminati non so quali lavori di non so qual commissione parlamentare; e rivolgendosi alla signora che aveva al fianco aggiunse sorridendo: « Quella benedetta politica è una rivale pericolosa. »

Alberto ascoltava la sua voce, e guardava le sue belle mani, ornate di larghi manichini di trina, che ella tirava in sú allorché le cadevano lungo il braccio. Alle ultime parole di lei la fissò in viso; poscia arrossí, senza saper perché, distolse gli occhi, e prese parte alla conversazione con vivacità nervosa, a sbalzi, con lunghe interruzioni che avrebbero grandemente sorpreso tutti coloro che erano presenti se non fossero stati tutti perfettamente ben educati.

« Non va colla signora Rigalli? » domandò ad un tratto.

La contessa gli rivolse un'occhiata tranquilla e rispose: « No. »

« Mi disse però che contava su di lei... »

« *Souvent femme varie!* » rispose l'Armandi colla massima disinvoltura, e sorridendo un po'.

XXXII

Infine i visitatori se ne andarono a poco a poco. Alberti e l'Armandi rimasero soli, seduti l'uno accanto all'altra, e, per alcuni istanti, silenziosi.

La contessa s'alzò all'improvviso, si allontanò bruscamente da lui, diede un'occhiata incerta all'intorno, poi gli venne incontro risolutamente facendo frusciare i lembi del vestito con un sibilo di serpente irritato, e gli si piantò in faccia.

« Cosa avete? Dite infine! parlate! » esclamò corrucciata.

« Nulla, cosa volete che abbia? » rispose egli con durezza.

Le labbra della donna tremarono convulsamente, e s'agitarono due o tre volte come per parlare. Ma ad un tratto scoppiò in un accento indescrivibile, coprendosi il viso colle mani:

« Ah! come mi punite! »

Ei s'alzò, le prese le mani che gli sfuggirono, e rimase alcun tempo senza trovar parola. « Che vi ho fatto? » balbettò infine.

« Nulla m'avete fatto! » esclamò l'Armandi sdegnosamente.

Alberto le prese nuovamente la mano. Stavolta ella gliel'abbandonò senza accorgersene; teneva gli occhi fitti sul tappeto, torva, accigliata. Tutt'a un tratto gli disse con voce breve e concitata, fissandogli in faccia uno sguardo lucido e freddo come l'acciaio:

« Perché siete venuto? Cinque minuti prima di legarmi a voi mi sarei piuttosto buttata nel lago se avessi potuto immaginarlo! Ora avete il diritto di dubitarne! »

Alberto si fece rosso e pallido.

« Non mi amate? » le disse allentando la mano.

« Che cosa pensereste adesso di me se non vi amassi? » gli rispose sorridendo di un riso che faceva rilevare il labbro superiore con un'espressione d'amarezza intraducibile. « Ma non avrei voluto essere vostra amante... Ve lo giuro per mia figlia... *per mia figlia!* » replicò con forza, guardandolo alteramente negli occhi, e scuotendogli la mano, nell'osservare un impenetrabile movimento di lui. « Voi m'avete preferito a un'altra donna, ed io ero orgogliosa... » E chinando il capo con sarcastica e fiera rassegnazione: « Adesso vedete che non lo sono piú ».

Si abbandonò sulla poltrona e nascose il viso nel fazzoletto, senza muoversi piú, senza dire una parola, cosí altera e sdegnosa che Alberto non osò scostare una punta di quel fazzoletto.

« Cosa v'ho fatto? » replicò alfine giungendo le mani. « Non vedete come soffro? come vi amo? come ho sofferto per non avervi potuto vedere?... Avete letto il mio biglietto? »

« Sí... e la mia cameriera prima di me. »

« Ho scritto per questo in inglese... »

« Avreste dovuto scrivere in camaldolese: sarebbe stato meno sospetto, e meno compromettente. »

Ella parlava piano, con calma, con accento di rassegnazione ironica, col viso dimesso, e le mani incrociate sulle ginocchia.

« Ho avuto torto! » rispose Alberto alquanto indispettito, «perdonatemi. Vi amavo, avevo perduto la testa. Non pensavo alle convenienze, al mondo, ai domestici... Avevo bisogno di pensare a voi.... di fare qualche cosa per voi... Non avevo altro da dirvi...»

«Nemmeno che avreste fatto della musica colla signora Rigalli, onde non comprometttervi col vostro scritto... Non è cosí?» interruppe la donna.

«Oh!»

«Perché arrossite d'avermelo rimproverato mezz'ora fa? Avevate ragione!» riprese ella colla medesima calma nella parola, nell'accento, nella fisonomia e nell'atteggiamento. «Il vostro amore è schietto, franco, e sincero. Io ho parlato dinanzi a voi di mio marito, e non ho arrossito in presenza di coloro che mi ascoltavano. Ho mentito l'indifferenza e la disinvoltura, ho mentito verso di voi, verso i miei doveri, e verso il mondo; avete il diritto di pensare che vi abbia mentito anche quando vi ho detto che vi amo! Mezz'ora fa mi avete guardata in faccia stupefatto due o tre volte, e avete arrossito per me, vi ho visto. Voi non ci avete colpa. Son moglie, son madre, ho dei doveri sociali, e son la vostra amante: è impossibile conciliare tutto quello che ci è di contraddittorio nel mio stato senza mentire. Io mi sono umiliata ai vostri occhi facendo il sacrificio del mio orgoglio e della mia delicatezza dinanzi a voi, per voi. Non vi faccio un rimprovero. È colpa vostra se avete tutto per voi, la franchezza, la lealtà, la delicatezza, l'onore, e, a salvaguardia di tutto ciò, la vostra spada? Voi avete tutto quello che io mi son messo sotto i piedi... per voi.»

A queste ultime parole il sarcasmo scoppiò nell'accento vibrato, sibilante, nel sorriso amaro e nelle calde lagrime che ella asciugava dispettosamente prima ancora che spuntassero sull'orbita. Ciascuna di quelle parole, ciascuno di quegli accenti andavano a colpire sul viso Alberti, il quale stava zitto, immobile, arrossendo e impallidendo a vicenda, come se si sentisse schiaffeggiare dalla propria coscienza.

«Perché m'avete amato?» domandò alfine con voce fremente e soffocata.

L'Armandi alzò su di lui gli occhi ardenti di lagrime e di collera, come smemorata, e non rispose.

« Perché non mi scacciate? » replicò Alberti.

Un'espressione indefinibile, un non so che di attonito, d'ansioso, d'irato, di vendicativo, d'innamorato e di pauroso, lampeggiò nello sguardo della contessa. Ella stette alcun tempo senza dir nulla; poi arrovesciò il capo all'indietro sulla spalliera della poltrona, con un movimento felino, e colle mani intrecciate dietro la nuca, colle larghe maniche cadenti per le candide braccia, rispose mollemente, guardando il soffitto:

« Avete ragione. Il meglio sarà non vederci piú. »

Alberto rimase immobile, guardandola. Ad un tratto si precipitò su di lei come un leone innamorato, l'afferrò per la vita, senza dire una parola, e la sollevò sulle braccia. Ella piantò gli occhi scintillanti come armi omicide in quel viso pallido e stravolto, tenendosi discosta da lui con tutta la forza della sue braccia irrigidite, e all'improvviso gli si avventò al collo, e lo baciò rabbiosamente.

XXXIII

A Bellagio il marchese Alberti aveva la riputazione d'essere alquanto originale, e infatti menava tal vita da giustificare cotesta riputazione. Non si faceva vedere da nessuno per delle settimane intiere, e poi tutt'a un tratto mischiavasi a tutti i crocchi, prendeva parte a ogni divertimento, mostravasi assetato di piaceri, montava spesso a cavallo, faceva delle corse da numida, o dormiva per ventiquattr'ore, e lo s'incontrava a scorrazzare per i sentieruoli piú deserti ad ore da poeti, o passava le notti ad un giuoco d'inferno, perdendo delle grosse somme, colla stessa indifferenza con cui vinceva. Le signore chiudevano un occhio sulle stranezze di lui perché egli li aveva molto belli tutt'e due, era giovane e ricco, e qualche volta anche grazioso ed amabile. Quel po' di corteccia ruvida che gli rimaneva attaccata, e di cui s'ingegnavano a gara di mondarlo, davagli anch'essa una certa agreste attrattiva – dicevano. Egli aveva i migliori cavalli, gli amici piú simpatici, ed una volta pregò due di costoro d'andare a sfidare un tale, il quale aveagli detto che aveva anche la piú bella amante. I due amici cominciarono dal ridere, ma per rabbonirlo dovettero finire col dirgli che non era proprio il caso di prendere in mala parte un complimento di cui molti altri sarebbero stati lusingatissimi. Alberto erasi incaponito che quel complimento fosse ingiurioso per la riputazione della dama. Il piú intimo dei due, quegli che desinava piú spesso con lui e che gli doveva di piú, lo tirò alquanto in disparte e gli disse:

« Caro mio, sei ben sicuro d'essere stato il primo amante di quella dama?... Be'... Non c'è di che arrossire... Lasciamola lí piuttosto. Un duello la comprometterebbe infinitamente dippiú. Andiamo a cena e dormiamoci sopra. »

La contessa riceveva Alberti frequentemente di giorno, anche quando non c'era per tutti gli altri, e di sera, allorché faceva della musica: il marchese era distinto pianista, e l'Armandi amava la musica appassionatamente – ognuno lo sapeva. Alberti la vedeva in tutte le riunioni, in tutte le partite di campagna, e in tutte le traversate sul lago; era con lei sovente a cavallo o in carrozza, da solo o in numerosa compagnia, stava con disinvoltura nel salotto di lei, l'accompagnava al piano, e faceva il galante colle amiche di lei; sapeva condursi con garbo, rispettava le esigenze sociali, e piegava il capo con grazia alle piccole ipocrisie. Ella invece stava in mezzo a questi scogli colla testa alta, con aristocratica disinvoltura, dominando tutto ciò che non poteva elevare sino a lei; ingentiliva Alberto, lo perfezionava, stava a discorrere con lui accanto al piano, o presso il tavolino da lavoro, o si faceva accompagnare in giardino, dandogli l'ombrellino da portarle, e si lasciava baciare il guanto – sicché tutte le volte che gli permetteva di strapparle quel guanto, o lo precedeva sotto i folti alberi del boschetto, sorridente, esitante, guardandosi intorno nel raccogliere le pieghe del vestito, e camminando in punta di piedi. A lui sembrava che il cielo si spalancasse a due battenti. – Giammai non aveva voluto piú andare una sola volta sul lago con lui.

Si approssimava il ritorno del conte Armandi; Alberti lo sapeva vagamente, ma non aveva mai osato domandarne alla contessa, ed ella non gliene avea mai parlato. Un venerdí ch'era andato da lei per combinare una gita sul lago, e gli avevano detto che sarebbe ritornata a momenti, s'era messo al piano per ingannare il tempo, e scorreva della musica che la sera innanzi le avea mandato egli stesso. Infatti udí aprir l'uscio del salotto, e si alzò credendo fosse lei. Invece era la bambina, che giungeva correndo prima della madre, e vedendo Alberto s'era fermata sull'uscio.

« Le faccio paura, signorina? » disse Alberto.

In quel momento entrò anche la contessa; gli stese la mano, buttando l'ombrellino sul tavolo, e togliendo alla figlia il largo cappello di paglia.

« Come sei rossa! » le disse baciandola. « Vai dalla Tilde. »

La bimba gli rese il bacio, e prima d'andarsene offrí anche ad Alberto la guancia vermiglia. Egli l'accarezzò sui capelli.

La madre tirò a sé bruscamente la figliuola, la baciò di nuovo, con singolare vivacità, e l'accompagnò sino all'uscio.

« Perché non avete baciato la mia bambina? » gli domandò tornando indietro.

Alberti tardò un istante a rispondere; ma ella, senza dargliene il tempo, andò al piano, e prese il fascicolo ch'era sul leggio.

« Vi ringrazio della musica » aggiunse senza voltarsi e sfogliandola. « Ci ho dato un'occhiata ieri stesso. È proprio bella. »

E tornò lentamente verso il canapè, senza levare gli occhi dalla carta, sedette, e spiegò il quaderno sui ginocchi.

« Avete fatto una lunga passeggiata? » domandò Alberti.

« V'ho fatto aspettare? Scusatemi. Ero andata ad incontrare Armandi. Invece ricevo una lettera che rimanda la sua venuta a domani. »

« Ah! »

« Volete essere dei nostri a pranzo domani? »

« Grazie. »

« Rifiutate? » diss'ella facendosi un po' rossa.

« Sí. »

« Non se ne parli altro. »

Suonò il campanello, e si fece recare il cestellino da ricamo.

« Si fermerà molto tempo il conte? » domandò Alberto giuocherellando col gomitolo.

« Un mese circa, sin che andremo a Belmonte; poscia sarà a Torino per la riapertura della Camera. »

Alberto chinò la fronte sulla palma, e dopo una breve pausa disse piano:

« Sicché... non ci vedremo sino a giugno? »

« Come volete che vi riveda senza presentarvi a mio marito? »

« È vero. »

Il silenzio che seguí avea alcunché d'imbarazzante. La contessa, tutta intenta al suo ricamo, riprese alfine:

« Iersera so che avete fatto una grossa perdita al giuoco. Ho il diritto di parlarvene, perché sono la vostra migliore amica. Ciò è irragionevole, mio caro. »

« Avrei anche potuto vincere. Sono sfortunato, ecco tutto; » rispose Alberto seccamente.

« Ebbene, abbiate giudizio anche per la fortuna che vi manca: non giuocate. »

« Lo volete? »

« Ve ne prego. »

« Non giuocherò. »

Ella chinò il capo.

« Che bel lavoro! » disse Alberto poco dopo.

« Vi piace? »

« Moltissimo. È un lavoro per uomo? »

« Sí. »

« E... senza essere indiscreto? »

« Nessuna indiscrezione, mio caro; » rispose l'Armandi sorridendo; « anzi quel che c'è di piú legittimo: è per mio marito. »

« Oh!... proprio un regalo di nozze! » diss'egli sorridendo a denti stretti.

La contessa sorrise senza alzare gli occhi dal ricamo, e arrossí lievemente. Ei cavò l'orologio e si alzò.

« Addio » gli disse l'Armandi stendendogli una mano, mentre coll'altra contava i punti del disegno.

Alberto le strappò il ricamo, e lo stracciò.

« Marchese Alberti! » esclamò l'Armandi rizzando il capo, altera, corrucciata e imponente.

Il marchese fece barcollando due o tre passi verso l'uscio, si arrestò sulla soglia, ed esclamò torcendosi le mani:

« Ah! come son vile! »

« No, siete pazzo! »

Gli volse le spalle, andando verso la finestra; e poscia, volgendosi vivamente verso di lui:

« Anche geloso di mio marito? »

Alberto impallidí.

« Tanto meglio! » esclamò la contessa con un sorriso irritato.

« Perché?... perché volete ad ogni costo che io stringa la mano di quell'uomo? » disse Alberti con accento brusco.

Ella lo fissò un istante con occhi di sfida e di collera.

« Perché vi ho dato il mio onore, e voglio che voi mi diate il vostro! »

XXXIV

Alberto partí la sera stessa per Milano, e andò a cadere come una bomba dalla Selene.

« Non è in casa » gli dissero.

Era il tocco della mezzanotte; egli andò al Circolo, e vi passò il resto della notte.

Il giorno dopo s'era levato da poco, allorquando Selene entrò come una spiritata, sbattendo gli usci, e cantarellando.

« To! eri tu, biondino? Sei venuto a cercarmi iersera? Sei tornato? Scusami se non mi hai trovata in casa; ero andata al Carcano. »

« Al tocco? »

« Sí, dopo s'era andati a cena colla Irma, sai, l'Irma, la

bruna, la conosci? ci pagava una cena *scicche* perché era il giorno della sua festa. Come stai? »

« Sto benissimo, grazie. »

« Vieni dal lago? Cosa m'hai portato dal lago? »

« T'ho portato un braccialetto. »

« Bello? Fammelo vedere. Dov'è? »

« Da Bigatti. Se hai furia puoi andare a prenderlo. »

Scrisse su un bigliettino di visita due righe pel gioielliere che la conosceva benissimo, e glielo diede. Ella volle gettargli le braccia al collo.

« Grazie, non occorre... » diss'egli scostandola.

La povera Selene se n'andò mogia mogia. Alberti ordinò al cameriere di dir sempre che non era in casa tutte le volte che ella venisse a cercarlo.

Andò al Corso, alla sala d'armi, al Circolo; giuocò, rivide i suoi amici, e prese parte alle loro cene e a tutti i loro passatempi. Frelli, il nestore emerito della brigata, l'avea preso sotto la sua protezione. « È di buona razza e di buona tempra » diceva. Il nestore aveva quarantasette anni, due gran dame che se lo disputavano, ed un'amante per la quale gettava il denaro a due mani. Gli amici di Alberto erano tutti bravi giovanotti – borsa aperta, cuore a prova di spada, e scilinguagnolo un po' sciolto. Nella loro allegria, nella loro conversazione, nei loro bagordi, c'era un profumo di gaiezza, di spirito, e di cordialità giovanile che inebbriava i piú sobri.

Una delle piú belle sere di luglio Alberti era uscito dal Circolo, insieme a due amici coi quali avea desinato; avea la pupilla alquanto dilatata, è vero, ma le gambe piú ferme e la lingua piú sciolta degli altri. Andarono sui bastioni in carrozza, ciarlando, fumando e ridendo ad alta voce. L'aria era rinfrescata da un lieve venticello che veniva dalle Alpi; dai giardini venivano di tanto in tanto vigorosi profumi; incontravasi solamente qualche coppia che passeggiava lentamente, discorrendo sottovoce, e dileguavasi sotto gli alberi dei viali, o qualche *brougham* che andava a piccolo trotto, il cavallo fiutando la polvere e il cocchiere contando le stelle nascenti. Alberti a poco a poco era divenuto silenzioso, s'era buttato in fondo al legno, e avea lasciato spegnere il sigaro. Ad un tratto fece fermare la carrozza, salutò gli amici, s'avviò a piedi pel corso, fermò il primo fiacre che incontrò e si fece portare dalla Selene.

« Oh! » esclamò costei vedendoselo comparire dinanzi, e rimanendo con una mano sul battente dell'uscio, con grand'occhi attoniti. « Non t'aspettavo piú. »

Ei si chinò sulla candela, e accese un altro sigaro.

« T'hanno detto che sono venuta a cercarti? »

« Sí. »

Selene andò in furia a prendere il biglietto che Alberti le aveva dato per Bigatti, e lo stracciò in cento pezzi.

« Allora ecco il tuo braccialetto! Non lo voglio. »

« Come sei bella cosí in collera! » rispose Alberti dopo averla fissata alcuni secondi senza batter ciglio.

« Sei innamorato? Cos'hai, sei innamorato? »

Ei non rispose.

« Sei in collera con la tua bella, di'? »

Alberto scrollò le spalle e disse freddamente:

« Vuoi che me ne vada? »

« Sí, sí, vattene! » e poscia, afferrandolo con impeto per un braccio: « No! non te ne andare! ».

E rimase a guardarlo avidamente, tenendolo sempre pel braccio, e gli occhi le si velarono.

« Come fa a non amarti, cotesta superbiosa? »

Gli gettò le braccia al collo. Ei che stava per partire tranquillamente, allorché sentí avvinghiarsi da quelle braccia dimenticò la contessa.

Uscí dopo mezz'ora, fosco, stralunato, dispettoso – la povera ragazza non ebbe il coraggio di trattenerlo. Andò a Como col primo treno; passò la giornata sul lago, e la sera, a notte fatta, s'avviò a piedi verso la villa. Tutto era buio, soltanto alla finestra della camera della contessa c'era lume.

Quel lume l'accecava, l'affascinava, gli trafiggeva il cuore come una punta di ferro arroventato. Ei non avrebbe osato ridire tutti i pensieri che gli tempestavano in mente: c'era una specie di gelosia acre, che avea un pudore singolare. Avrebbe ucciso la contessa con le sue mani piuttosto che

rimproverarle le torture che ella gli faceva soffrire in quel momento – e stette ad assaporarle ad una ad una, sin quando quel lume si spense. L'indomani le scrisse:
"Mi volete a desinare oggi?"
Gli fu risposto con un invito del conte e della contessa Armandi.

XXXV

Il conte Armandi era un uomo politico, gentiluomo sino alla punta delle unghie, dignitoso, serio, freddo, ed uomo di mondo: avea la riputazione d'aver corso la cavallina in gioventú, la qual cosa gli avea lasciato una elegante piacevolezza di maniere ed una lieve tendenza all'epicureismo, che gli andava come un guanto. Ei stava a Torino durante le sessioni parlamentari, e il resto dell'anno viaggiava, e andava ai bagni, dove riunivasi la chiesuola de' suoi amici politici.

Quando Alberti entrò nel salotto la contessa non c'era; ma il marito accolse il nuovo invitato come una vecchia conoscenza, e gli parlò del fu marchese, ch'era stato suo amico, e della marchesa, ch'era detta a Milano *la bella toscana*. La contessa si fece un poco aspettare, sicché fu quasi il conte che dovette presentare Alberto alla moglie.

« Mia cara Emilia, vi son grato d'avermi fatto riannodare una vecchia conoscenza di famiglia. »

« Finalmente! » diss'ella ad Alberto stendendogli la mano.

Come furono riuniti i tre o quattro amici che desinavano in casa Armandi, la contessa prese il braccio dell'ultimo venuto, il colonnello Marteni, e passò nella sala da pranzo. Alberto sedette accanto alla signora Rigalli, che stavolta era venuta davvero.

Il colonnello Marteni, dei carabinieri piemontesi, era un bellissimo uomo, con una larga cicatrice che gli attraversava mezza la fronte, e con due nastri turchini all'occhiello del suo abito da borghese; egli era amico personale del conte Armandi, che l'aveva indotto a venire a passare il suo mese di permesso sul lago di Como. Il colonnello faceva galantemente onore alla tavola, ai suoi ospiti, e alla sua dama, con galanteria un po' soldatesca. Le signore andavano matte per quel bel militare che s'era acquistato a Custoza ed a Goito i suoi nastri e la sua cicatrice, e ne parlavano tanto che il Marteni, da uomo di spirito, avea cercato due o tre volte di cambiar discorso, ed infine s'era salvato colla contessa, andando a prendere il caffè nel salotto.

La contessa in tutta la sera non avea rivolto che pochissime volte gli sguardi e la parola ad Alberti. I commensali avevano seguito in sala la prima coppia e s'erano fermati in diversi gruppi. Alberto era andato sulla terrazza; il conte Armandi discorreva con altri due presso il camino; la signora Rigalli assediava il suo militare sul canapè; la contessa era accanto alla tavola: dopo alcuni minuti di quelle ciarle scucite che avviano la conversazione, volse attorno una rapida occhiata, versò del caffè in una chicchera, e andò difilata verso la terrazza. Alberto stava colle spalle appoggiate alla balaustrata, e vedendo comparir l'Armandi nel vano luminoso del balcone, si rizzò di soprassalto; ella gli afferrò la mano e gli disse sottovoce, rapidamente, con accento intraducibile:

«Vi ringrazio. Adesso non v'è cosa che non farei per voi. »

Ei le afferrò la mano, fissandola. – Così rimasero alcuni istanti zitti e palpitanti.

«Lo sapete che mio marito mi ucciderebbe?... Volete che mi faccia uccidere? Volete che mi perda per voi? » diss'ella sorridente. «Volete? »

In quel momento il conte avea finito di discorrere col suo interlocutore, e avvicinavasi alla terrazza. Scostò la tenda, si fermò un po' sulla soglia per abituare i suoi occhi alle tenebre, e scambiò qualche parola con Alberti. La contessa rientrò centellando tranquillamente il suo caffè, col più spensierato sorriso in viso. Passando vicino alla signora Rigalli e al Marteni, disse ridendo:

«Schiettamente, cara Virginia, vorreste essere un uomo celebre, glorioso, decorato? »

« Ma... se non fossi quel che sono... vorrei esserlo! »
« Idee false, amica mia, una delle tante ingiustizie sociali! Non c'è che una donna capace di far quello che il colonnello non oserebbe di fare, nemmeno colla speranza di una terza medaglia, per... »
Sedette sulla poltrona favorita, appoggiando il capo alla spalliera, e bevendo il caffè con una specie di voluttà, d'orgoglio e di trionfo.
« Per che cosa? » domandò il Marteni.
« Per una cosa da nulla, per un capriccio... per una tazza di caffè... » rispose l'Armandi con uno scoppio di risa.
« Prenda la mia ch'è vuota, Marteni. »
Gli invitati se n'erano andati a poco a poco. Alberti era rimasto a discorrere coll'Armandi presso l'uscio.
« Verrà domani? » gli domandò la contessa, cogliendo giusto quel momento. « Venga alle quattro. Ci ho della musica nuova. »

XXXVI

Il conte Armandi era uscito verso le tre; la musica gli piaceva al Regio, o alla Scala, con accompagnamento di ballerine, e aveva il buon gusto di stare nel salotto della moglie soltanto allorché ella non riceveva. Era dunque montato a cavallo, ed era andato a desinare alla villa di un suo amico.
Andava tranquillamente di passo, col sigaro in bocca, piegandosi sulle staffe per osservar da buon cavallerizzo la levata del cavallo, e compiacendosi nell'atteggiarlo come fosse al maneggio. La giornata era bella, rinfrescata da una piacevole brezzolina che faceva sventolare la banderuola di segnale posta da un lato della via che stavasi riparando. Il cavallo del conte ebbe un ghiribizzo alla vista di quella banderuola rossa che svolazzavagli dinanzi agli occhi, ricalcitrò, e passò sbuffando, guardandola torvo, con le narici fumanti, e contrastando alla mano. Armandi volle assicurarlo: cavallo e cavaliere si incaponirono, s'imbizzarrirono, sbrigliando, impennandosi, spronando, e rinculando

verso quella parte della strada ch'era tutta sossopra e sparsa di buche, quasi il cavaliere avesse il proposito deliberato di rompersi il collo; tutt'a un tratto il cavallo mise un piede in falso, cadde, tentò generosamente di rialzarsi con isforzi disperati, e infine, vinto dal dolore, si rovesciò senza mettere un nitrito, da bravo. Armandi era saltato abilmente in piedi fuor delle staffe, e cercò rianimare colla briglia e colla voce il povero animale che aveva l'angoscia negli occhi, sollevava il capo e ricadeva. « Povero Falco! » disse il conte. Infine, vedendo che non c'era proprio nulla da fare raccomandò il cavallo ferito agli operai che lavoravano sulla strada, promettendo di mandar subito dei soccorsi, e invece di tornare a piedi per la via fatta, che sarebbe stata troppo lunga, scese sulla riva in cerca di un battello, e si fece condurre per acqua alla sua villa.

La villa dalla parte del lago avea un cancello che aprivasi sul molo microscopico dov'erano ormeggiate le due barchette del conte. Un centinaio di passi piú in lá era la casetta del giardiniere, addossata al muro di cinta, tappezzata di gelsomini, e di cui il tetto rosso faceva un bel vedere sul verde cupo dei grandi alberi del boschetto. Il conte andò a picchiare sui vetri della finestra col pomo del suo frustino, e si fece aprire il cancello, rimandò il giardiniere, e s'avviò pel viale che menava alla terrazza. Camminava lentamente, e di tanto in tanto fermavasi come per stare in ascolto, e alzava gli occhi verso le finestre del salotto.

Il viale, prima di mettere alla scalinata della terrazza, serpeggiava attorno ad una gran vasca ombreggiata da magnifiche piante acquatiche, e biforcavasi per mettere in un sentieruolo che conduceva alle scuderie, passando dinanzi ad una capanna rustica ch'era chiusa da lungo tempo.

Il conte s'era avviato pel sentieruolo, teneva gli occhi fissi sulla capanna abbandonata o sulle scuderie, cercando di veder qualcuno da mandare in soccorso pel povero Falco.

Ei passò accanto ad un padiglione di bosso e di mortella, tenuto con somma cura, aperto da quattro arcate, ornato di sedili e di statue, dinanzi al quale il sentieruolo svoltava bruscamente per salire l'erta verso la capanna.

Alberti era giunto all'ora fissata. La contessa l'aspettava: ei le s'appressò rapidamente, le baciò la mano, e le disse con voce breve:

« Vostro marito? »

« Uscito. »

« Tornerà presto? »

« Desinerà fuori di casa. »

« Come siete bella! » esclamò.

Ella si svincolò dalle mani che le stringevano i polsi, e andò a tirare il cordone del campanello.

« Lasciate aperto quell'uscio » ordinò al domestico « fa troppo caldo. »

« Non m'amate piú? » le disse Alberto sottovoce, rispondendo all'occhiata timida e come di scusa ch'ella gli rivolse tornando a sedersi presso di lui.

La contessa chinò la fronte nella mano. Dopo un istante rispose con voce commossa:

« Se vi amo! »

« Mi amate in un modo singolare davvero! »

« Singolare davvero! Sono una matta! Non so dov'abbia la testa in certi momenti... Stanotte non ho chiuso occhio pensando alla follía che ho fatto ieri sera!... »

« Perdonatemi!... Se sapeste!.... Perdonatemi! ... »

Si parlarono a voce bassa, quasi senza guardarsi, padroneggiandosi perché i loro volti rimanessero impassibili, acciò qualche specchio indiscreto non li tradisse alla curiosità del domestico che stava nell'altra stanza. Quelle passioni ardenti, che sibilavano come il soffio del vapore imprigionato sotto quella maschera d'indifferenza, aveano qualcosa d'irresistibile.

La contessa s'alzò, andò ad aprire le persiane e si mise a guardar fuori.

« C'è un'arietta fresca che ristora » disse dopo alcuni istanti. « In giardino si deve star benissimo. Andiamo? »

Alberto la seguí.

Ella precedeva di qualche passo, coll'andatura svogliata, dimenando un po' il braccio, e tenendo l'ombrellino sulla spalla. Si vedeva il suo busto piegarsi e inarcarsi con graziosa elasticità sotto il tessuto leggero che gonfiavasi e increspavasi alternativamente. Si fermava agli sbocchi dei viali, mettevasi sugli occhi, per guardar lontano, la mano che al sole sembrava di un roseo trasparente, poscia s'avviava risolutamente, con vaga spensieratezza: il viale si arrampicava sull'erta serpeggiando; la contessa arrestavasi di tanto in tanto per ripigliar fiato, e voltavasi verso di Alberto per dirgli qualche parola. Ad un certo punto gli stese, senza voltarsi, la mano: ei la baciò.

« Cosa volete che faccia per provarvi quanto vi ami? » gli disse risolutamente.

« Datemi la chiave del cancello che mette sul lago. »

Ella si voltò, lo fissò seria seria, e scosse il capo due o tre volte.

« Vedete! » disse Alberto amaramente.

La contessa gli strinse la mano, conducendolo con dolce violenza; svoltò l'angolo del viale che saliva alla capanna abbandonata, ed entrò nel padiglione.

Stava ritta sotto l'arco fiorito, guardando il lago che luccicava in fondo al panorama, e colle mani appoggiate al bastone dell'ombrellino. Il venticello faceva svolazzare il suo vestito e glielo modellava addosso.

« Vorreste vivere con me, laggiú, in Isvizzera, a Londra, o a Parigi? » gli disse ridendo.

Ei le afferrò la mano con impeto.

« E voi lo fareste?... »

« Se lo potessi... »

« Oh, allora... Ma non bisogna chieder troppo neanche all'amore. »

La contessa gli piantò in faccia uno sguardo profondo e pensieroso. Alberti l'evitò, come se tutte le contraddizioni che c'erano nello stato di quella donna gli saltassero agli occhi. Sentí che il suo stesso silenzio gliel rinfacciava, e dovette ricorrere al paradosso per giustificar lei e sé stesso. Ella ascoltava avidamente, piú convinta di lui, affascinata da quella falsa eloquenza della passione; sorrise e gli disse:

« Cotesta è la teoria del frutto proibito... »

« Credete? » domandò dopo un voluttuoso silenzio.

Era seduta mollemente, un po' piegata verso di lui, tenendogli le mani, ombreggiata dai folti ramoscelli, e tutta profumo. Ei la guardò avidamente.

« Sí! » le disse con un bacio.

« Zitto! » esclamò l'Armandi trasalendo e facendosi pallida. « Vien gente! »

Si udí scricchiolare la sabbia del sentieruolo che incrociavasi col viale pel quale erano venuti.

« Vostro marito! » esclamò Alberti con voce sorda, e facendole schermo istintivamente del suo corpo.

La donna s'avviticchiò all'amante, e gli nascose il viso in petto con un voluttuoso terrore. Stettero alcuni istanti immobili, nascosti nell'angolo piú oscuro, trattenendo il respiro coi due cuori che battevano l'un sull'altro. Si udirono i passi avvicinarsi lentamente, passare accanto al padiglione, e allontanarsi a poco a poco. La contessa rialzava il capo timidamente, e per la prima volta mise un respiro. I due amanti si guardarono, pallidi come cera, gli occhi di lei si velarono, e si abbandonò dolcemente nelle braccia di Alberto.

« Emilia... per l'amor di Dio! Fatevi animo, via!... »

Ella non lo lasciava, e fissavalo con occhi nuotanti in un languore delizioso, come se il pericolo, l'ansietà, la paura avessero dato non so qual divorante ed irritante attrattiva al desiderio, alla colpa, all'uomo amato. Rimase in quella specie d'estasi col capo appoggiato alla spalla di lui, colla bocca socchiusa, pallida, spaventata e sorridente.

« Andiamo, andiamo, Emilia! »

Emilia si rizzò vacillante, si fregò un po' gli occhi, distese mollemente le braccia con un movimento di tigre, lo guardò con occhi addormentati, e gli disse:

« Passate sotto la mia finestra... vi butterò la chiave... Domani a mezzanotte... se vedete lume nel salotto... sarà segno di sí... Vattene! vattene! »

Il conte Armandi sembrava alquanto turbato allorché entrò nella stanza della moglie. La contessa gli rivolse un'occhiata alla sfuggita.

« Sapete l'accidente di quel povero Falco? » diss'egli. « S'è rotta una gamba! »

All'entrare del marito la contessa s'era allontanata bruscamente dalla finestra.

« Ma dove? come?... E voi? » domandò.

« Sulla strada maestra, proprio come in questa stanza. Non saprei dire io stesso come sia avvenuto. Povero Falco! Sono stato alla scuderia per mandare tutti i possibili soccorsi, ma pur troppo temo sieno inutili... Io sto benissimo, come vedete... Ma voi, cos'avete? Siete un po' pallida anche voi! »

« Quest'accidente... »

« Che volete farci? Non ne parliamo altro. Cosa avete fatto di bello? »

« Ma lo vedete! » disse la moglie mostrandogli il ricamo che avea in mano.

« Il marchese Alberti non è venuto? »

« Sí ».

« Avete fatto della musica? »

« Pochissimo; non mi sentivo bene. Ho un po' di mal di capo... »

« È partito adesso il marchese? »

« Mezz'ora fa. »

« Oh! ma non è lui... laggiú? » disse il conte dalla finestra. « Da dove diavolo viene dunque con questo sole? »

La contessa si fece alla finestra anche lei, sorridente e curiosa, gettò un'occhiata al di fuori, si strinse nelle spalle, poi tornò a sedersi. « Passeggiare con questo bel sole!... che follía... »

« Avrà fatto qualche visita nelle vicinanze » disse invece il conte.

XXXVII

Armandi dovea partire insieme al suo amico Marteni per un convegno di caccia.

L'ora della partenza era stata fissata per le dieci di sera. Il conte avea siffattamente assicurato che sarebbe stato puntuale, che aveva detto al suo amico di andarsene pur da solo se egli avesse tardato piú di cinque minuti, giacché cotesto sarebbe stato segno di essergli sopraggiunto qualche affare o impedimento imprevisto. Egli aveva preso il caffè nel salotto della moglie, ed era stato a chiacchierare tranquillamente con lei sino all'ora della partenza, fumando il sigaro, e leggendo qualche brano dei giornali di mode ch'erano sulla tavola. La moglie lavorava accanto a lui, e chinava la testa vicino alla sua per guardare insieme le incisioni del giornale. Di quando in quando volgeva gli occhi sull'orologio, e diceva sorridendo al marito che non avrebbe fatto a tempo. Finalmente il conte si alzò, ordinò la carrozza e strinse la mano alla moglie.

« Quando ritornerete? » domandò costei.

« Doman l'altro o giovedí al piú tardi. »

« Buon viaggio. »

Armandi s'affacciò alla finestra per vedere se la carrozza fosse pronta; guardò il cielo stellato, e disse alla moglie:

« La sera è magnifica, volete farmi il piacere di accompagnarmi sin da Marteni? »

« Volentieri, ma temo di farvi ritardar troppo. »

« Abbiamo tempo d'avanzo » diss'egli « il vostro orologio va di galoppo. Metterete qualche cosa sulle spalle, ecco tutto. »

La Armandi mostrò una certa premura nell'accondiscendere al cortese desiderio del marito; questi la ringraziò, le offerse il braccio; e montò con lei in carrozza.

« Perdio! » esclamò al momento di partire. « Ho dimenticato il mio portafoglio nientemeno! Quel che vuol dire far le cose troppo in furia! » E saltò a terra d'un balzo, ma mise un buon quarto d'ora a tornare. La contessa era piú impaziente di lui.

« Vai al galoppo! » ordinò ella al cocchiere.

Il conte si buttò in fondo al legno e si mise a fumare. La moglie sosteneva da sola il dialogo, con certa vivacità inquieta e nervosa, sporgendosi di tanto in tanto fuori dello sportello. Suo marito limitavasi ad evitare che il fumo del

sigaro le desse noia, e a volgere qualche volta il capo verso
di lei, per farle dei cenni affermativi.

« Il signor capitano è partito da venti minuti; » venne a
dire il domestico.

« Alla buon'ora! » disse Armandi con gaiezza. « Ci perdo
una caccia, ma ci guadagno il piacere di passare la sera
con voi. »

Ella lo ringraziò con un pallido sorriso, e tornarono indietro. Questa volta anche la contessa s'era buttata in fondo
al legno, avvolgendosi nel suo scialle, taceva e sembrava
alquanto preoccupata. Giunti alla villa, saltò a terra per la
prima con vivacità, e montò bruscamente i pochi scalini; il
marito però la prevenne nello schiudere l'usciale, e la precedette nelle sue stanze.

« Perché avete lasciato acceso quel lume? » disse bruscamente l'Armandi alla cameriera.

« Non m'avete ordinato di spegnerlo. »

« Siete una stupida! Andate! »

« Via, via, non andate in collera » soggiunse il marito.
« Infine che male c'è? »

Ella si strappò i guanti, li buttò sul canapè, e rimosse
due o tre oggetti con impazienza.

« Vi disturbo forse... »

« Vi pare?... tutt'altro! » gli rispose saettando uno sguardo
sull'orologio.

« Davvero! sembra che il vostro orologio abbia piú giudizio del mio! » disse Armandi regolando il suo su quel
del salotto; « sono in ritardo di una buona mezz'ora. »

E sedendo accanto alla moglie:

« Volete regalarmi un po' di musica? »

« Non sono proprio in vena, mio caro... Ma se lo desiderate assolutamente... » soggiunse con un sorriso abbattuto.

« Assolutamente?... Ma no! Desidero quel che vi fa piacere. »

Ella inchinò leggermente il capo, e si mise a guardare
qua e là in atto sbadato. Il silenzio cominciava a divenire
penoso.

« Volete che vi legga qualche cosa? » domandò Armandi.
« Fate. »
E si mise ad ascoltare, colla fronte sulla palma, all'ombra della ventola, saettando alla sfuggita sguardi rapidi e sfolgoranti su di lui. Egli non se ne avvedeva, leggeva colla sua bella voce chiara e limpida, e voltava tranquillamente le pagine. Tutt'a un tratto la contessa si alzò quasi soffocasse.
« Cos'avete? » domandò il marito levando gli occhi dal libro.
« Nulla... continuate » rispose lei tornando a sedere.
« È inutile, giacché non v'interessa. »
E chiuse il volume.
La contessa rimase alcuni istanti col capo fra le mani. Armandi continuava a sfogliare i disegni di mode. Finalmente ella si alzò di botto, bianca come cera, e gli disse stendendogli la mano malferma:
« Non mi sento bene. Buona notte... »
Il conte si alzò anche lui, le prese la mano senza dir motto, e la tenne fra le sue; ella incominciò a fissarlo negli occhi con una certa inquietudine. L'orologio suonava i dodici colpi della mezzanotte; i muscoli del viso della donna ebbero un lieve tremito, poi si allentarono rilasciati, e affascinata dal pericolo, perdendo la testa, si volse verso il balcone che dava sulla terrazza con un movimento invincibile, e tentò di svincolarsi dal marito che le stringeva sempre le mani con amorevole violenza.
« Fermatevi! » diss'egli con voce breve.
Rimasero a guardarsi due o tre secondi. La donna si lasciò cadere lentamente sul canapè.
Armandi andò ad aprire il valigino che aveva fatto posare sulla tavola, e ne trasse un paio di pistole da viaggio. La moglie, fuori di sé, si alzò per gridare, per far non so che cosa, e rimase atterrita, pietrificata sotto lo sguardo fermo e minaccioso di lui.
« Silenzio! » le disse con voce sorda. « Se fate un passo, se mettete un grido, ve l'uccido come un cane! »
Andò risolutamente verso il balcone, l'aprí, e si trovò faccia a faccia con Alberti.

I due uomini non dissero una parola, non fecero un gesto. Il conte, piú pallido di Alberto, avea la pistola in pugno e il dito sul grilletto. Finalmente disse interrottamente:

« Marchese Alberti... potrei uccidervi come un ladro stanotte, o passarvi la spada pel cuore domani... Ma non voglio farlo... non lo posso... Un giorno forse ne saprete il perché... e saprete anche che siamo pari! »

Prima che Alberto avesse potuto rimettersi dalla sorpresa, egli aveva chiuso il balcone.

XXXVIII

Alberti passò una notte orribile. Avea visto, attraverso i vetri di quel balcone, la donna che amava alla follía, accasciata sul canapè, colla testa fra le mani – ella non avea fatto un passo verso di lui, non avea messo un grido – egli non avea potuto stendere le braccia per soccorrerla, o per rapirla alla gelosia del suo rivale – questo soltanto bastava a delineare la situazione reciproca con una terribile eloquenza. L'amore di lui esaltavasi al pericolo di lei, al pensiero delle lagrime che non poteva vedere. Fece i piú insensati progetti; andò cento volte a spiare le finestre di quella casa. Il domani seppe che marito e moglie erano partiti all'alba, non si sapeva per dove.

Il giovane ardeva di seguirla, ma dove? Fece tutto quello ch'era possibile di fare per aver notizie di lei; poi sperò ch'ella gli avrebbe scritto; poi s'accasciò. A poco a poco incominciò a pensare a lei con una dolcezza melanconica, fantasticando sul castello solitario dove il geloso marito l'avea probabilmente rinchiusa, sulle lagrime ch'ella avea dovuto versare, sui ricordi mesti e cari che doveano tornarle alla mente mentre fissava i begli occhi alle stelle... E tutto ciò sarebbe stato possibile forse; ma Armandi conosceva troppo il mondo e le donne per contribuire a fare esaltare colla solitudine la passioncella della moglie. Dopo una breve spiegazione, fatta con garbo e da gente ammodo, entrambi avevano finito per andar d'accordo che quanto ci fosse di meglio a fare era d'andare a Baden. La contessa, dopo quella scossa inaspettata, erasi mostrata quasi riconoscente verso il marito del suo spirito conciliativo e da canto suo s'era prestata lealmente a riparare il male fatto. Passato il primo sbigottimento, il suo amore, chiamiamolo pur cosí, avea guardato la cosa dal lato mondano, e avea fatto giudizio.

Intanto il tempo scorreva sul rancore del marito, sulla melanconia della moglie, e sull'immaginazione di Alberto, come se si fosse incaricato di poter far riunire nuovamente e senza inconvenienti queste tre persone nel medesimo salotto, a centellinare il caffè, ciarlando tranquillamente di mode o di politica.

Alberti dopo alcuni mesi avea ripreso le abitudini di una volta. Al principio dell'inverno seppe da un amico che tornava da Baden come l'Armandi fosse stata la piú bella, la piú elegante, la piú allegra signora che si fosse trovata ai bagni. Il baccanale della babele europea estiva faceva crollare in uno scoppio di risa il melanconico castello di carte, dove la sua fantasia abbrunata avea rinchiuso i sospiri della bella, mentre egli dondolavasi sulla poltrona fumando il sigaro. Il suo funesto spirito d'analisi ebbe campo di fargli fare delle lunghe meditazioni, amare, irritanti, che ferivano non solo le sue illusioni giovanili, ma anche il suo amor proprio.

Coll'inverno erano ritornate le rondinelle dell'alta società, ed Alberti seppe che la contessa era andata a Torino col marito. A quella notizia, al sapersela cotanto vicina, sentí divampare in fondo al cuore, non diremo l'amore, ma il desiderio, la curiosità, una certa ostinazione dispettosa e andò e la rivide. Com'era cambiata! non al fisico – la contessa era sempre giovane e bella; ma il contegno di lei, cosí strano, cosí indifferente, ricominciava a montargli la testa o a fargliela perdere del tutto. Però l'Armandi non era tal donna da perdere la sua, quando non voleva, o da farsi trascinare pei capelli in una situazione imbarazzante. Finalmente gli rispose dandogli appuntamento in uno dei piú remoti viali del Valentino.

Allorché il giovane la vide discendere dal fiacre da nolo,

sentí battersi il cuore come una volta, piú forte di una volta forse. Ella gli venne incontro un po' esitante, e gli stese la mano.

« Volete che montiamo in carrozza? » le domandò.

« No. »

« Perchè non rimandate il vostro legno in tal caso? »

« Lasciatelo lí. »

Alberto tacque, e presentí tutto quello che ella dovea dirgli con la sua voce pacata.

Fecero alcuni passi in silenzio. L'Armandi non s'era accorta del braccio che offrivale il giovane.

« Sentite, Alberto » gli disse alfine « dobbiamo dimenticare. »

Ei sentí scoppiargli in cuore, montargli alla testa, affogargli la voce nella gola, tutto ciò che avea sofferto, temuto e sperato per lei. Non disse motto, non le rivolse uno sguardo. – Ella gli strinse la mano.

« È necessario! » soggiunse.

« Lo volete? »

« È necessario. Mio marito mi ha perdonato, ma sa tutto... Cosa volete che faccia?... » Successe una breve pausa. « A che pensate? » diss'ella.

« Penso che veramente non dovete amarmi piú, se l'ultima volta che mi vedete potete aver il coraggio di dirmi addio in presenza del vostro fiaccheraio, per impedirmi che almeno vi lasci scorgere le mie lagrime. »

« Come siete ingiusto! »

« È vero, perdonatemi... Soffro tanto! » esclamò tristamente e scuotendole le mani.

Ella non rispose, e voltò indietro per ritornare lentamente verso il fiacre che l'aspettava.

« Vi domando un ultimo sacrificio: lasciate Torino. »

« Non vi basta che rinunzi a vedervi? »

« E mio marito? »

« Ebbene, partirò. »

La contessa continuava ad andare innanzi.

« Volete proprio che vi dica addio dinanzi al cocchiere? »

mormorò il giovane con tutta l'amarezza che gli rodeva il cuore.

Ella si fermò, voltandosi appena verso di lui, gli strinse la mano, e senza rialzare il velo gli disse:

« Addio! »

Le labbra del giovane tremavano senza che potessero proferire una sola parola. La vide allontanarsi lentamente, e montare in carrozza.

Poi si asciugò di nascosto una lagrima – l'ultima.

Il giorno dopo partí davvero, per un altero rispetto della sua parola, o per un dispettoso amor proprio. Il vedere rompere con tanta indifferenza tali legami l'avea ferito profondamente; ma avea tanto amato quella donna, e tanto diversamente dalle altre, che fra loro parevagli dovesse sussistere sempre un vincolo indissolubile; il suo dolore avea certa voluttà che gli piaceva assaporare andando a seppellirsi in campagna – ma la sua campagna era troppo vicina a Milano, e gli amici non tardarono ad andare a farvi una partita di caccia – per distrarlo. Cosí seppe dopo qualche tempo quello che non avrebbe dovuto sapere: il colonnello Marteni, nell'assenza del conte Armandi, che era in Germania con una missione diplomatica, comprometteva un pochino la contessa, e la contessa si lasciava comprometere. Alberto corse a Torino, e colla ingiusta e malsana curiosità del geloso riescí a convincersi davvero che il colonnello era precisamente quello che dicesi un successore in tutte le regole.

Allora andò a cercare del colonnello Marteni.

Lo trovò che faceva colazione. Il colonnello, al ricevere il suo biglietto di visita, si era rammentato di lui, forse un po' troppo, e l'invitò a prender posto alla tavola, da vecchio amico. Alberto rifiutò freddamente, dicendo che lo scopo della sua visita non permettevagli di fermarsi a lungo. L'altro si fece serio, vuotò il bicchiere che aveva offerto, e levò il capo come per ascoltare con maggior attenzione.

« Non avremo bisogno di molte parole per intenderci » disse Alberti. « Ella è soldato e gentiluomo, e troverà la cosa perfettamente naturale. Noi siamo rivali; non occorre fare il nome della donna che amiamo o che abbiamo amato. Son venuto per cercare di comune accordo un pretesto per liquidare la faccenda fra di noi, senza che sia compromesso il nome di quella persona. »

Il colonnello parve riflettere alquanto.

« Anzitutto » rispose « mi permetta una domanda: Lei è dalla parte di chi ama, oppure dalla parte di chi ha amato? »

« Cotesto non preme sapere. »

« Domando scusa, preme moltissimo. »

« Signore, sembrami che divaghiamo! » disse Alberti con una sfumatura d'ironia provocante.

Marteni conservò la piú perfetta calma.

« Scusi, avrei dovuto incominciare da un'altra domanda: Ella crede che io le debba qualche cosa.. perché sono il suo... successore? »

« Signore! ... »

« Caro marchese, sono ufficiale nei carabinieri, e come tale un po' soldato, e un po.' legale; ragioniamo adunque, poiché a bucarsi la pelle c'è sempre tempo. Se lei è convinto che io le debba una riparazione soltanto perché son venuto dopo di lei, vorrei sapere chi di noi due avrebbe piú diritto di sfidar l'altro? Ella, perché io sono arrivato ultimo, oppure io perché lei mi ha preceduto? »

« Cotesto è invertire singolarmente la quistione. »

« Semplifichi, rettifichi pure; son qui ad ascoltare. »

« Non son venuto a dirle, né ho bisogno di dirle, quali siano le mie opinioni su quella signora; e sembrami che non occorrano tante parole fra due gentiluomini per bucarsi la pelle, come lei dice. »

« Caro marchese, non ha rettificato nulla, e si agrappa alla provocazione come uno che non abbia migliori ragioni da metter fuori. Ma io ho piú anni di lei, sono soldato, ho due medaglie, di quelle che danno il diritto di esser sempre calmo, e posso permettermi di credere che occorrano proprio tutte le possibili spiegazioni fra due uomini di cuore, prima di mettere mano ai ferri, soprattutto allorché sono seduti, come noi, dinanzi ad una buona tavola.

Ella viene a sfidarmi per amor proprio, per dispetto, piuttosto che per gelosia; senza pensare che colloca il suo amor proprio prima del mio, che avrei lo stesso diritto. Le parlo da uomo di cuore e da uomo d'onore – come le propongo di stringere la mano che stendo. Ora, se coteste ragioni non le bastano, e cerca proprio un pretesto, mi dica che questo bicchier di vino che le offro è cattivo, e io le getto la bottiglia alla testa e mi metto a sua disposizione. »

Alberti alzò lentamente il bicchiere, e bevve.

« Bravo cosí! » esclamò Marteni stringendogli calorosamente la mano.

« Un'ultima parola, colonnello... Da quanto tempo... Ella è il mio successore?... »

« Ah! Questo poi.... »

« Era per farci su le mie riflessioni » rispose Alberti con un amaro sorriso. « Senza implicarci menomamente quella signora, in parola d'onore! »

« Le ho detto già troppo, perché ella è molto giovane... Ma mi lasci il mio segreto... professionale » finí Marteni ridendo.

« Grazie! » rispose Alberto dopo un po' di esitazione.

XXXIX

Erano trascorsi parecchi anni, ed Alberti aveva ricominciato a far la vita di prima, peggio di prima, abusando di tutto, esagerando il male, che cercava egli medesimo, calunniando il bene che non poteva raggiungere per fiacchezza di carattere, incallendosi in uno scetticismo di parata perché non conosceva altre donne all'infuori di quelle che alimentavano la sua vanità o i suoi piaceri – vanitose e capricciose come lui – e perché non aveva altri amici, all'infuori di quelli coi quali s'era battuto per un'amante o per una partita di giuoco. Possedeva tutte le disgrazie: l'immaginazione calda, l'indole fiacca, il cuore sensibilissimo, ma non temprato da affetti domestici, ed una certa agiatezza che gli permetteva di vedere la vita da un lato solo. Cotesta vita era stata occupata soltanto d'ozio, e faticosa di piaceri. A ventott'anni sentivasi isolato, stanco, senza scopo, senza emozioni che non fossero malsane, senza entusiasmo, senza domani. Provava momenti di debolezza e di scoraggiamento indicibili; ma si vergognava di confessarli. Nel baccano di una festa o di un bagordo pensava con abbattimento che il giorno dopo si sarebbe divertito al modo istesso. Spesso, la notte, ritornando stanco a casa, invidiava il suo cocchiere o il suo cameriere che stavano ad aspettarlo, pur non sapendo farsi idea del come si potesse vivere nella loro condizione.

Del resto faceva la vita che facevano gli altri, beveva, giuocava, schermiva e fumava piú degli altri. Era un po' pallido la mattina, e avea il polso un po' agitato la sera; nulla di piú. Di tanto in tanto i ricordi della sua prima giovinezza, che sembravagli tanto lontana, gli alitavano sul cuore, come i soffi della brezza marina in una calda notte d'estate; ei li assaporava tacitamente, coll'occhio socchiuso e il sigaro in bocca, vi lasciava vagare il pensiero e riposare il cuore, e allorché scuotevasi di soprassalto, anche un po' vergognoso, il mondo che piú lo sorprendeva, che sembravagli piú falso, era quello in cui viveva.

In una di coteste situazioni di spirito, Selene gli s'era trovata fra i piedi, o fra le braccia. Ei le avea proposto di andare a vivere assieme in campagna, come se ella avesse potuto ridargli il vergine trasporto con cui s'era innamorato persin di una ballerina; le propose sul serio *una capanna e il suo cuore*. La ragazza, che si rammentava di qual fibra fosse quel cuore, rispose *cu-cu*! Egli soggiunse che la capanna sarebbe stata tappezzata di seta, e la rapí all'impresario e ad una mezza dozzina d'amanti, ancora vestita da baiadera. I loro amici dissero ch'erano ubbriachi tutt'e due. Giunti, mandò un biglietto di condoglianza.

« Mio caro, » gli disse Alberti la prima volta che lo rivide, « se quella ragazza mi piace, perché non dovrei amarla? Credi che valga di piú la tua marchesa sol perché è ricca? Selene non possiede che le sue scarpette di raso, ed ha bisogno di quattrini come una bella damigella ha bisogno di uno sposo, o una bella dama ha bisogno di un amante –

nulla piú, nulla meno – ella non è né signorina, né marchesa, non è altro che bella, ed è quindi naturalissimo che io gliene dia dei quattrini. »

« Tutto ciò va benissimo; non è di cotesto che intendo parlare. Fai quel che vuoi, rovinati pure, nessuno troverà a ridire; ma lasciala al suo posto, o piuttosto mettila al posto in cui deve stare. Compra per lei dei cavalli, dei gioielli, ma non andare a farti ridicolo coll'amore campestre! Che diavolo! sei uomo di spirito. Cosa vuoi fare colla Selene per tutto il santo giorno, dopo che le avrai detto in tutti i toni che le vuoi bene? »

« La vita che faccio mi stanca... mi annoia mortalmente... Voglio cambiare... »

« Povera Selene! » borbottò Giunti.

La povera Selene amava il bel biondino come poteva, quanto poteva; ma era abituata a ridere e a folleggiare, e quell'amante che la teneva a distanza, e che cercava l'*x* dell'amore, le rendeva l'orizzonte piú uggioso delle grigie nubi d'inverno. Il marchese Alberti avea perduto il suo vecchio Toni, ed avea per cameriere un giovanotto. Qualche tempo dopo s'accorse che era anche un bel giovanotto, scoprendo che gli faceva l'onore di essergli rivale fortunato. Allorché ne ebbe le prove incontestabili, chiamò la Selene e le disse:

« Di' un po', ti piace Cesare? Non starmi ad arrossire, bambina! qui non siamo sul teatro. È un bell'uomo, me ne sono accorto e non ti do torto, no, in parola d'onore... fosse biondo come me... tanto tanto!... potrei forse avere il diritto d'essere geloso... Ma che diavolo! avresti dovuto prevenirmi! Potevo correre il rischio di prendere a calci il mio rivale. Vuoi sposarlo, di'? Non mi far la grulla. Non sono in collera, ti dico, ma capisci che non posso fare le spese del mio rivale, né lasciarti sulla strada. Ti do in dote quel che avevo promesso di darti in cambio del tuo *amor fido*, ma ti condanno a sposarlo e perdonami se mi troverai severo. »

Dopo questa tirata partí per un lungo viaggio, recando

seco le sue malsane abitudini, ed i germi funesti di uno scetticismo che, in mezzo a gente la quale si occupava di lui soltanto per vendergli dei piaceri, lontano dai luoghi cari per memorie, non poteva far altro che peggiorare. Invecchiò precocemente, correndo pel mondo come l'Ebreo Errante, spinto da non so quale inquietudine fatale che l'incalzava sempre dappertutto, non vedendo e non cercando altro dei diversi costumi che il lato peggiore. Visse tanti lunghissimi anni senza alcun sentimento schietto, senza alcuno degli affetti piú intimi, che si abituò a credere fosse un disgraziato privilegio quel cuore che sentivasi battere in petto alle lontane reminiscenze.

In questo tempo lo zio Forlani era morto, lasciando Adele orfana e sola. Costei, per accondiscendere all'insistente desiderio del padre, il quale le proponeva di sposar Gemmati, avea detto di sí; ma all'ultimo momento, con la lealtà che formava il fondo del suo carattere, era scesa un bel mattino a trovar Gemmati che passeggiava in giardino, e gli avea detto:

« Amico mio, io ho amato mio cugino Alberto, lo sapete; che cosa pensereste di me se vi sposassi? »

Gemmati tacque un momento.

« L'amate ancora? » le dimandò poi.

« ...Sí. »

« Anch'io v'amavo, perché voi siete un angelo! » esclamò tristamente Gemmati; « e rinunziare a voi è dura cosa!... Ma è necessario, non è vero? »

Ella chinò il capo.

« Come meritate di esser felice! Se quello sciagurato avesse un carattere meno fiacco!... »

Cosí s'erano lasciati, stringendosi la mano, come due cuori onesti e leali che s'intendono in una sola parola. Egli non le aveva detto quanto gli costasse il sacrificio che dovea fare ed avea accettato un posto di medico a bordo di un bastimento che faceva lunghi viaggi di circumnavigazione.

Il signor Forlani avea lasciato la figliuola ricchissima, e le amiche di lei non si davano pace vedendo che essa, cosí ricca e bella, rifiutava tutti i partiti che facevano la caccia a lei e alla sua dote. Adele portava il lutto del suo cuore nobilmente e fieramente, senza una debolezza e senza un lamento. Del cugino, che non si curava menomamente di lei, avea saputo vita e miracoli, ma non avea detto una parola, ed era rimasta pallida e muta. S'era informata spesso di lui dalle amiche piú discrete, con pudica e delicata riserbatezza, e quando non ne avea avuto piú notizie, s'era chiusa dignitosamente nella sua tristezza, senza farne trapelar nulla al di fuori.

La sua bellezza intanto s'era sviluppata: era un genere di bellezza fantastica, delicata, flessuosa, elegante, alquanto pallida e diafana, con magnifici capelli neri, mani candide su cui il guanto adattavasi con certe pieghe e certo garbo aristocratico, e grand'occhi turchini, un poco incavati, accerchiati da un solco color perla, scintillanti di tal luce che avrebbe potuto dirsi fatale, se giammai fosse stata destinata ad incontrarsi con Alberto. Ella portava alta la testa leggiadra nei saloni fiorentini, e con un sorriso distratto e uno sguardo profondo che l'avevano fatta soprannominare *Elisabetta d'Inghilterra*.

XL

Dopo vent'anni che non s'erano piú visti Alberto e sua cugina s'incontrarono a Firenze, spinti dal turbine della fatalità.

Era il primo giorno delle corse. Le Cascine brulicavano di spettatori; il cielo era azzurro, il sole frastagliavasi fra i rami; i veli, le ciarpe, le piume svolazzavano; il prato stendevasi come un'immensa tavola di bigliardo, screziato dai vivi colori dei fantini che caracollavano; i cavalli nitrivano, si udivano gai accenti in tutti i dialetti d'Italia; si vedevano dei fiori dappertutto, ai cappelli, sui vestiti, nelle carrozze, alle testiere dei cavalli – c'era un profumo di giovinezza, di festa, e di primavera che inebbriava.

Adele era a cavallo presso la *calèche* di una sua amica di Viareggio, la Rigalli, e rispondeva al saluto delle sue numerose conoscenze inchinando graziosamente il capo; mentre discorreva passava il guanto sulla criniera della sua cavalla; cosí com'era, col suo amazzone nero, e nel suo grazioso atteggiamento, era assai leggiadra; la *calèche* era ovattata, riboccante di fiori, coi *jockey* ricamati e incipriati, immobili come statue, i cavalli irrequieti, dall'occhio e dal garretto teso. Una folla di curiosi s'era fermata vicino a quel bel gruppo.

« Oh, chi vedo! » esclamò tutt'a un tratto la signora Rigalli « non è il marchese Alberti quel laggiú, che ci arriva dall'India a cavallo del suo baio? »

Adele si volse di soprassalto, e divenne bianca come il suo colletto di tela.

Alberti si avanzava al passo. Il cavallo era impaziente, colle narici rosse, sbuffava, mordeva il freno bianco di schiuma, e lo scuoteva con bruschi movimenti. Il cavaliere era calmo, serio, freddo, e avea la mano di ferro; volgeva gli occhi sulla folla sbadatamente, col sigaro in bocca, e avea l'occhio smorto, il pallore cadaverico, e l'impassibilità quasi fosca. Guardava quella festa come un defunto avrebbe potuto guardarla dalla tomba. Passando vicino alla *calèche* volse gli occhi a caso, la Rigalli lo chiamò col piú grazioso sorriso, ed ei si trovò a faccia a faccia con Adele. Una fiamma rapida come un lampo passò per la prima volta dopo tanti anni su quelle pallide guance. Intanto la Rigalli diceva all'Adele:

« Mi permette che le presenti il marchese Alberti? »

« Vuol presentarmi mio cugino? » rispose Adele, ch'era divenuta calma e sorridente con un supremo sforzo di volontà e stese ad Alberto il pomo del frustino attraverso la *calèche*, come se gli stendesse la mano.

« È proprio un cugino d'America dunque! »

« Son quelli i benvenuti. Da dove ci piovete, cugino? »

« Da Calcutta. »

« Son piú di dieci anni che non lo si vede piú! Cosa avete fatto tutto questo tempo? »

« L'ho passato in ferrovia e in vapore, cugina mia. »

« Vi siete divertito? »

« Ma... assai. »

La *calèche* si mosse al piccolo trotto; la signora Rigalli si fece promettere una visita dal marchese, e i due cugini si trovarono accanto, in mezzo al gran viale.

« Volete permettermi di accompagnarvi, cugina? » disse Alberto.

« Volentieri. »

Ei voltò le briglie, e si mise al passo, accanto a lei, seguiti dal *groom* di Adele a distanza.

« Come trovate Firenze? » domandò lei.

« Piú bella che mai. »

« Vi fermerete parecchio? »

« Non lo so io stesso. »

« Raccontatemi qualche cosa dei vostri viaggi. »

« Cosa volete che vi racconti? »

« Ma... quel che avete visto. »

« Ho visto, su per giú, delle vie Calzaiuoli, degli Arni, e delle colline di San Miniato dappertutto, in grande, in piccolo, e in microscopico; e dei fiorentini gialli, rossi, e neri, che dicono *giuraddio* un po' diversamente di noi altri. »

« E le donne? » domandò ridendo Adele.

« E le donne... quali le hanno fatte gli uomini. »

« Non so se devo ringraziarvi del complimento, cugino. »

« Ringraziatemene, cugina, ché me lo merito. »

Adele salutò una bella giovinetta che passava in *phaéton* al fianco di un signore elegante. « Conoscete quella signora? » gli domandò.

« No. »

« È Cecilia, la figliuola del conte Armandi, adesso maritata Livoretti. »

Sul viso di Alberto passò una nube rapidissima.

« Sono un uomo dell'altro mondo, cugina mia, abbiate la bontà di mettermi al corrente. E della contessa cosa mi dite? »

‹ È sul lago di Como da due anni a piangere la morte del marito. »

« Oh!... E della principessa Metelliani? »

« È a Roma, presidentessa di non so qual Congregazione di Carità... Vi sorprende? »

« No. »

Fecero un centinaio di passi senza dir altro.

« Sapete che ci rivediamo in un modo singolare? » disse Alberti tutt'a un tratto.

« Singolare o no, son lieta di vedervi. »

Ei la fissò di un lungo sguardo, e poscia:

« Avete molto spirito! »

Ella chinò lievemente il capo.

« Cugina mia » domandò Alberti all'improvviso « che cosa direste se vi facessi la corte? »

« La direi la cosa piú naturale di questo mondo. »

« Dopo quel ch'è stato fra di noi? »

« Appunto per quello. »

La sua cavalla fece uno sbalzo, e s'inarcò tutta fremente sotto la mano ferma dell'amazzone.

« Siete forte! » le disse Alberto.

« Cora è docile » rispose lei accarezzandola sul collo.

Tacquero. Andavano al piccolo trotto per uno dei viali al di là del piazzone. Il sole, che tramontava come un gran disco infuocato, lo inondava per tutta la sua lunghezza di pulviscoli dorati. Alcune nuvole un po' alte sull'orizzonte disegnavansi come larghi sprazzi di porpora e d'oro.

« Che bel tramonto! » disse Adele per rompere quel silenzio.

Alberto levò il capo, e soggiunse sbadatamente:

« Par d'essere a Belmonte. »

« Avete buona memoria, cugino! » disse Adele con singolare sorriso. Alberti volle rispondere a quel sorriso.

« È la memoria del cuore, cugina mia. »

« Comincereste a farmi la corte? »

« Non avete detto che sarebbe la cosa piú naturale? »

« Cugino mio, cosa pensereste di me se vi permettessi di farmela? » domandò Adele alla sua volta, seria seria.

« Avete ragione » rispose Alberto brevemente.

I viali cominciavano a velarsi d'ombra. Ella guardò di sottecchi quell'uomo singolare.

« Siete stata felice qualche volta? » domandò Alberti come rispondendo ad una lunga meditazione.

« ...Sí » disse Adele dopo una lieve esitazione. « Per quanto si può esserlo... E voi? »

« Io mi son divertito » rispose lui con accento glaciale.

Discorrevano a sbalzi, con lunghe interruzioni, come rispondendo ai pensieri che andavano svolgendosi per la loro singolare situazione. Il marchese di tanto in tanto gettava un lungo sguardo sulla cugina, che cavalcava calma e sicura.

« Non serbate rancore, cugina? » domandò alfine.

« No. »

« Che peccato! »

« E voi, cugino? »

« Io non credo averne il diritto in nessun caso... poiché nessuno ha torto a questo mondo! »

« Teoria comoda! »

Ei si rizzò sulle staffe con fredda ed altera serietà:

« Cugina mia, quando m'avete detto che non potevate permettermi di farvi la corte, io vi ho dato ragione! »

C'era tal tranquilla amarezza, tale accento di convinzione nel suo scetticismo, che il seno di Adele gonfiavasi violentemente di tanto in tanto. Egli respirava con forza, a lunghi intervalli. Cavalcavano in silenzio e a capo chino.

« Vi ringrazio per quest'ora che non avevo piú provato da vent'anni » disse alfine con voce sorda quell'uomo il quale non si commoveva piú.

Ella alzò il capo sgomenta quasi cercando da dove venisse quella voce che la faceva trasalire.

« Torniamo indietro! » disse brevemente.

Oltrepassarono il *groom* che s'era fermato anch'esso, e lo lasciarono molto indietro. Nessuno di loro due osò rompere per qualche tempo il silenzio che seguí. Il passo dei cavalli era sonoro; la luna incominciava a sorgere e ad insinuarsi fra gli alberi, strisciando sul bianco viale; a poco a poco i cavalli s'erano accostati e andavano fiutandosi. Alberto prese la mano della cugina, che le cadeva lungo il vestito.

« Lasciatemi... » diss'ella dolcemente.

« Perdonatemi! » rispose Alberto con voce sorda. « È la vostra ora! »

« Lasciatemi » ripeté Adele con tanta maggior vivacità

per quanto sentivasi divenir piú debole. « Ora è troppo tardi. »

« Vostro marito? »

« Chi? » diss'ella con voce che lo fece trasalire.

« Gemmati! ...»

Ella tirò bruscamente le redini, e si rizzò sulla sella, pallida, immobile, con occhi scintillanti.

« Io mi chiamo ancora Adele Forlani! » esclamò con voce estinta, ma colla fronte alta.

Il marchese ammutolí.

« Mi credevate maritata? » riprese ella dopo alcuni istanti. « E parlavate in tal modo alla moglie del vostro migliore amico!... »

Ei non rispose.

« Come siete divenuto, Alberto! » esclamò essa celandosi il viso fra le mani.

« Vi faccio orrore? »

« No... mi fate pietà. »

Andavano rasentando gli alberi per non starsi vicini.

« Quanto avete dovuto soffrire per essere cosí cambiato! » diss'ella alfine.

« Lo credete? » mormorò Alberti con un strano sorriso.

« Sí! Tutte le sante credenze che c'erano nel vostro cuore non si sbarbicano senza dolore. Quando mi avete abbandonata per Velleda, quando vi siete invaghito dell'Armandi, quando avete fatto piangere e avete pianto, c'era ancora qualche cosa in voi. Adesso non ci avete piú nulla. I vostri occhi asciutti mi fanno paura! »

« E voi? » diss'egli con voce che sembrava uscire di sotterra « credete ancora a qualche cosa? »

« Credo a ciò che fa battere il mio cuore. »

Egli sorrise. « Ciecamente? »

« Non posso dubitare di quel che sento. »

« Io vi ho ingannata a vent'anni! »

« Io sono stata per morirne. Come volete che potessi dubitare del sentimento che mi faceva tanto soffrire? »

Alberti non rispose immediatamente. Poi le piantò gli occhi in viso e domandò:

« Voi siete bella, giovane e ricca; come va che non vi siete maritata? »

« Ho sempre rifiutato. »

« Per chi? »

« Per voi. »

« Mi amavate? »

« Sí. »

« Anche dopo?... »

« Sí. »

Ei rimase pensieroso.

« Cugina mia » disse ad un tratto, con tutt'altro accento e con satanica disinvoltura « io non ho piú capelli, né illusioni; ho quarant'anni e trenta mila franchi di debiti. »

Dapprima Adele rimase come fulminata, cogli occhi sbarrati, quasi ad afferrare il senso di quelle parole che non poteva capire. Tutt'a un tratto si fece rossa come se Alberto l'avesse percossa in viso col frustino.

« Ah! » gridò, « Ah! »

E fuggí di carriera.

XLI

Dopo alcuni giorni Alberti si presentò all'anticamera di sua cugina, e le fece recapitare il seguente biglietto:

"Ho bisogno di vedervi e di parlarvi. So di avervi fatto un affronto mortale, e son venuto alla vostra porta affinché possiate farmi scacciare, se volete."

Il domestico ritornò dicendo:

« Passi. »

Egli entrò, un po' turbato, ma con passo fermo.

Adele stava presso il camino, sebbene la primavera fosse di molto inoltrata, coi piedi posati su di uno sgabelletto. Era un po' pallida anch'essa, e come vide il cugino impallidí maggiormente. Alberto le strinse la mano e si assise di faccia a lei.

« Adele » le disse con calma « ho quaranta anni, e trenta mila franchi di debiti. Volete esser mia moglie? »

« No. »

Sul volto di lui passò un fosco sorriso.

« Ma se avessi una figliuola bella, ingenua, pura, con tutti i tesori del cuore e dello spirito, ve la darei in moglie. »

Dapprima ei le lanciò uno sguardo di sorpresa; ma poscia, in un altro tono:

« Disgraziatamente non l'avete! »

« Lasciate quel cattivo sorriso che fa male a voi e a me!... Perché siete dunque venuto, Alberto? »

Egli esitò alquanto. « Non lo so » disse alfine. « È la prima volta che non basto a me stesso. »

Quelle parole sembrarono colpire la donna; gli lanciò uno sguardo rapidissimo, e si fece rossa. Poscia ripeté dolcemente:

« Se avessi una figliuola ve la darei; ella vi metterebbe in cuore la sua fede, il suo affetto, i suoi santi entusiasmi, vi rinfrancherebbe lo spirito, vi farebbe rinascere. »

« Non esitereste a dare la figliuola vostra... a me? »

« No. »

« Ora che sono cosí cambiato? » aggiunse con un sorriso ironico.

« Appunto perché siete cosí! »

Ei le fissò gli occhi negli occhi.

« Perché non fate voi codesto? »

« Io non ho piú sedici anni, non ho piú la fede... e fra di noi c'è un triste passato. »

« Sia! » diss'egli.

E si mise ad attizzare il fuoco. Rimasero silenziosi lungamente. Adele stendeva verso la fiamma le sue mani pallide e di tanto in tanto Alberto vi fissava uno sguardo distratto.

« Cugina » disse dopo alcuni minuti « se fossi giovane e bello, e avessi pure i torti che ho verso di voi, mi amereste? »

« Perché mi fate questa domanda, Alberto? » rispose Adele rizzandosi sulla poltrona.

« Per sapere alfine in che stia codesto amore » mormorò lui sordamente.

Adele ricadde all'indietro sulla spalliera della seggiola, e rimase alcun tempo senza aggiunger motto. « Quanto avete dovuto soffrire! » esclamò poscia.

« Io ho goduto della vita » rispose egli.

Lei gli volse uno sguardo fra attonito e dolente. Il cugino teneva la fronte fra le mani, parlava con amara e tranquilla convinzione, ma evitava di incontrare gli occhi di lei.

« Ho letto chiaro nella natura umana come in uno specchio: la maggior parte dei nostri dolori ce li fabbrichiamo da per noi: avveleniamo la festa della nostra giovinezza esagerando e complicando i piaceri dell'amore sino a farne risultare dei dolori, e intorbidiamo la serenità della nostra vecchiaia coi fantasmi di un'altra vita che nessuno conosce. Ecco il risultato della nostra civiltà. Ho visto dei selvaggi scotennarsi per la donna o per il ventre, ma fra di loro non ci sono né suicidî, né *spleen*. Tutta la scienza della vita sta nel semplificare le umane passioni, e nel ridurle alle proporzioni naturali. – Ho regolato su questa verità la mia condotta... Ecco come non ho piú sofferto. »

« Oh! » diss'ella con immenso sgomento. « Oh! »

« Siete stata piú felice di me, cugina? » domandò Alberto con ironico sorriso.

Adele, pallida, come trasognata, gli rivolse un'occhiata paurosa: « No! voi non credete a ciò che dite! »

« È vero! » rispose Alberto con voce sorda, chinando il capo « e per la prima volta!... Mi avete fatto dubitare anche di cotesto, voi! M'avete fatto un gran male! »

« Ammogliatevi! » gli disse Adele, osando stringere finalmente la mano fredda di lui. « La famiglia vi salverebbe... So quel che vuol dire essere soli al mondo! Se potessi, col sacrificio della mia vita, mettervi qualcosa in cuore, vi giuro che lo farei. »

Ei la guardò in modo singolare, a lungo, senza aprir bocca. « Cugina mia! » disse dopo una lunga esitazione « io non ho quasi conosciuto mio padre; mia madre non ebbe nemmeno il tempo di abbracciarmi prima di morire; una volta fui sorpreso da un marito che avrebbe avuto il diritto e il dovere di uccidermi come un cane... Sapete cosa mi disse quell'uomo? "che mi risparmiava perché ero figlio della marchesa Alberti!..." »

Adele si celò il viso fra le mani.

« Addio! » diss'egli alfine.
« Ve ne andate? »
« Sí. »
« Cosa farete? »
« Quel che ho fatto. »
« Non avete nessuno scopo? »
« Non vi pare uno scopo il viver... come meglio si può? »
« Non siete nemmeno ambizioso? »
« Cosa potrebbe ricompensarmi della pena che mi darei per esserlo? »
« Che ci avete dunque dinanzi a voi, nel vostro avvenire? »
« Nulla. »
A quella parola ella trasalí, e si alzò risolutamente.
« Alberto... se acconsentissi ad esser vostra moglie, credereste che vi amo davvero? »
Ei rimase stupefatto.
« Se ci credete... » ripigliò Adele stendendogli la mano. « Stringetela... son vostra. »

XLII

Il matrimonio fu celebrato in ottobre. Alberti si prestò a quelle pratiche che esigevano gli usi e le convenienze con perfetta compiacenza. In questa occasione molti suoi conoscenti, che non sapevano piú nulla di lui, lo rividero. Ei piegava il capo con una tinta di galanteria a tutto quello che Adele trovava necessario, o semplicemente conveniente – fossero anche stati dei pregiudizi – la schiettezza delle convinzioni di lei glieli rendevano rispettabili, ci credesse o no. Adele, al contrario, mettevaci il giulivo entusiasmo di chi è felice – un tal riverbero del suo affetto vergine e schietto; amava il cugino francamente, senza reticenze, senza dubbi, a cuore aperto, abbandonandogli con spensierata generosità tutti i tesori che per lui avea accumulato in segreto nel suo cuore. Alberto fece tutto quello che fanno gli altri, colla massima semplicità, senza esitazione. Andò in chiesa, serio e rispettoso, almeno al vedere, e allorché Adele gli mise la mano nella sua, e udí che si univa a lui per sempre con un fil di voce, e la vide dolcemente commossa, anche quell'uomo si turbò alquanto, e con lieve tremito strinse nella sua la mano che tremava.

Dopo la cerimonia religiosa partirono per Belmonte.

Il marchese avea preso un *coupé* riservato sino a Pistoia, e allorché furono in vagone, e Adele si fu assisa, chiuse i vetri della parte dov'era lei, tirò le tendine, le mise il *plaid* sotto i piedi, le rese con delicatezza paterna tutte quelle piccole cure, poi le si assise di faccia, le prese le mani, e le disse dolcemente, sorridendo con certa solennità:
« Vi saluto, marchesa Alberti. »
Era commossa anche lei, ed un po' turbata; guardava fuori lo sportello pudibonda del suo imbarazzo, e si lasciava stringere le mani con un abbandono affettuoso.
Aveva un bel vestito grigio, un cappellino di paglia, dei lunghi guanti di Svezia, ed il suo viso delicato sembrava piú pallido attraverso il velo azzurro. Pareva che Alberto non potesse saziarsi di contemplare quella donna leggiadra che ormai gli apparteneva – ella, senza vederlo, sentiva quello sguardo, e ne era tutta penetrata. Ad un certo punto, sempre col viso allo sportello, posò una mano su quelle di lui.
« Non vi faccio paura? » le chiese Alberto dolcemente.
Ella raccolse le sue vesti, andò a sedere a fianco di lui, e senza rispondergli direttamente si misero a discorrere di mille argomenti comuni, di ricordi, che per loro avevano significati reconditi, e racchiudevano non so quali misteriose attrattive. Ei parlava poco, e l'ascoltava intento, con una certa avidità, come se stesse analizzando minutamente, con affetto, gli avvolgimenti di quelle trecce, l'alitare di quel velo, le balze di quel vestito, le trine di quei polsini, i rossori improvvisi e irragionevoli che salivano al viso di lei, e che egli sentivasi dolcemente scorrere nelle vene. Ad un tratto:
« Vorrei tornare ai miei vent'anni! » disse collo sguardo fiso nel vuoto.
La locomotiva fermavasi sbuffante.
« Diggià! » esclamò lei.

« No, siamo a Prato. »
« Oh!... lasciami vedere! »

E si misero l'uno accanto all'altro presso lo sportello a guardar la campagna – ei con un sentimento che non avea provato da lungo tempo. Tutto ciò che vedevasi era verde ed azzurro. Adele, colle mani appoggiate alla manopola, gli diceva sommessamente qualche parola insignificante, come se stesse a parlargli di un gran segreto. Il nastro del suo cappellino svolazzava di tanto in tanto sul viso ad Alberto. Sembrava che i polmoni di lui si dilatassero avidamente, onde abbeverarsi di tutte quelle vergini sensazioni che gli erano quasi sconosciute. « Non vi faccio paura... proprio? » domandò quasi timidamente e a voce bassa. Adele cercò di nascosto la mano di lui, e la strinse a lungo, mentre il conduttore verificava i biglietti. Anche quel non so che di furtivo che vi era in tanta schiettezza faceva una potente impressione su di Alberto. Ei le prese le mani, serio serio, e guardandola negli occhi:

« Adele mia, quel prete m'ha stregato. »

Adele s'era fatta seria anch'essa.

« Stregato o no, son contento, e non saprei spiegarti il sentimento che mi lega a te. Non è solo amore il mio: sembrami che tu faccia parte di me, della mia casa, del mio nome. Tu sei la continuazione di mia madre, e mi è dolce chiamarti col suo nome. Ho amato in tutti i modi, ma non ho provato mai nulla di ciò che provo adesso. Sembrami che noi ci apparteniamo per qualche cosa che è in noi e al di fuori di noi – il mondo, la legge, gli uomini, Dio, che so?... Se mai avessi a dubitare di quel che sento adesso, vorrei morire. »

A poco a poco le era caduto ai piedi, e parlava con tale accento di calma e salda convinzione, che le lagrime spuntarono nell'orbita di Adele. Ella piegossi dolcemente verso di lui, gli cinse il collo delle sue braccia, e reclinò mollemente il capo sul capo di Alberto.

XLIII

I due sposi andarono a nascondere la loro felicità a Belmonte – quella di lui però era un po' chiusa, esistante, ombrosa, e avea sempre una tinta di melanconia; quella di Adele era franca ed espansiva.

Alberto non avea piú rivisto quei luoghi da oltre vent'anni, e ciascun ricordo, ciascuna novella impressione che passava su quell'anima esulcerata, malgrado il grande imperio ch'egli aveva su sé stesso, lo faceva trasalire; Adele se ne avvedeva, e si sentiva piú strettamente, piú intimamente legata a lui appunto per tutto quel bene ch'essa facevagli. Erano sempre insieme, in carrozza, a cavallo, o a passeggiare pei dintorni. Alberti, quell'uomo tormentato dalla febbre del movimento, perseguitato dalla noia dappertutto, aveva passato delle lunghe ore deliziose, guardando accanto a lei la pioggia che sgocciolava sui vetri, o la fiamma che crepitava nel camino. Ogni piccola cosa avea una fisonomia nuova, serena, festosa. Le occupazioni piú comuni avevano un'attrattiva delicata. Egli era andato con lei a rintracciare a passo a passo i luoghi che racchiudevano i ricordi della loro prima giovinezza: quel banco dove avevano provato il primo imbarazzo stando seduti accanto, quella ringhiera appoggiati alla quale avevano litigato e avevano fatto pace per la prima volta, quell'albero dal quale egli aveva còlto i primi fiori per lei e dicevano: "Ti rammenti?". A volte questi *ti rammenti* racchiudevano un dolce rimprovero che adesso lo penetrava sino all'intimo e gli era caro. Li cercava anzi, quasi a far risaltare colle ombre il raggio festoso che splendeva su di loro adesso. Ridevano e si abbracciavano. Se qualche cosa avea cambiato aspetto, se un albero era caduto, se il banco era zoppicante, se il giardiniere avea disposto altrimenti l'aiuola, erano delle vere perdite, e dicevano: – Era piú bello allora, n'è vero?

Con una nobile franchezza, e come se il fallo non valesse il pentimento, Alberto aveva mostrato all'Adele quel viale dove avea parlato l'ultima volta con Velleda, e le avea messo la mano nella mano e gli occhi negli occhi. Adele avea chinato il capo cercando di riderne, impallidendo, arrossendo, e non gli avea detto quante volte si fosse fermata piangendo in quel medesimo viale.

« Come tutto ciò è lontano! » diceva Alberto.

Ella, dopo lunghe esitazioni, gli avea fatto vedere tutti i ricordi che avea conservato di lui religiosamente: il bottone del guanto che gli avea rimesso la sera ch'erano andati a villa Armandi, il fiore disseccato ch'ei avea lasciato cadersi dall'occhiello, la corteccia d'albero ch'egli avea staccato col temperino, il foglio spiegazzato su cui s'erano divertiti a schizzare degli sgorbi e delle caricature, seduti al medesimo tavolino, sotto la medesima lucerna, mentre la pioggia scrosciava allegramente sui vetri. Egli, che avea buttato dalla finestra al vento di cento città, o sulla cenere di cento caminetti, le lettere d'*eterno* amore di donne che aveano messo in giuoco la loro vita e quella di lui per un capriccio, non arrivava a comprendere del tutto la tenacità di quel sentimento che rendeva preziosi quegli oggetti insignificanti. – Tra di loro due che s'amavano tanto, ch'erano cosí intimamente legati, c'era sempre un abisso che egli non osava confessare a sé stesso, e che ella non voleva vedere, e per non vederlo chiudeva gli occhi. L'ottica delle loro idee era immensamente diversa: il cuore della donna, giovane, fresco, ricco, era lieto d'amare, s'attaccava alla felicità, ci credeva senza esitazioni, ci si abbandonava con fiducia. Alberto non possedeva piú né cotesta fede, né cotesto entusiasmo, né cotesta serenità; la vita che avea menato avea alterato profondamente il suo modo di vedere e di giudicare; avea osservato e studiato le passioni in sé e negli altri, ma non le avea mai combattute, e, disgraziatamente per lui, non le avea visto combattere. Il sentimento del giusto e del dovere restava quindi per lui una formula astratta, poco meno di un'illusione.

In tali disposizioni d'animo, e alla sua età, l'amore era perciò una debolezza – e l'amore istesso rendeva il suo scetticismo un'infermità piuttosto che una corazza. Sentiva rigermogliare dentro di sé quei sentimenti sui quali avea messo i piedi, ma che nondimeno aveano turbata la serenità epicurea dei suoi piaceri, ora che li trovava freschi e rigogliosi nella donna a cui sentiva il bisogno di identificarsi. Però al vedere costesti sentimenti cosí diversi in sé e in lei nello sviluppo e negli effetti, in sentirli agitarsi penosamente nel suo animo, piuttosto che rinvigorirsi, ne provava un grande sconforto, un dubbio piú amaro. La fede d'Adele – quella che per lui era la cecità – rivelavasi cosí salda ed intera, che trovavasi costretto ad ammirarla, ad invidiarla quasi, senza poterla dividere. Istintivamente sentivasi inferiore a lei di tutta quella triste scienza del mondo e del male, che aveva acquistato.

Fosse pudore, timidezza, o alterigia, c'era sempre in lui qualcosa di chiuso, anche nei momenti in cui abbandonava il capo sui ginocchi di lei *come un fanciullo*. Adesso, al contrario, possedeva l'ingenua curiosità di chi non ha nulla da nascondere, e gli faceva delle domande cui egli rispondeva evasivamente, sorridendole come ad una bambina, o abbuiandosi alquanto.

Quella serenità un po' nebbiosa, quella specie di mistero che intravedevasi in fondo ai sentimenti piú espansivi di lui, era un'altra attrattiva per l'innocenza di Adele – pericolosa attrattiva. Ella indovinava nell'uomo amato delle ferite che era lieta di sanare, delle ritrose debolezze che lusingavano gli istinti materni e protettori della donna; l'altera riserbatezza con cui il marito celavale agli occhi di lei, davagli un carattere di dignità e di forza, un che di superiore a mo' di Lucifero. Cento curiose domande, che le erano venute sulle labbra, erano spirate dinanzi al sorriso calmo, velato e impenetrabile di quell'uomo.

« Che cosa vuoi saperne tu, bambina mia? » le diceva egli.

Ed ella che avea la pretesa di non essere piú una bambina, gli faceva il broncio proprio da bimba.

Anche Alberto aveva le sue curiosità – curiosità malsane, curiosità avide, interessate, vitali, adesso che Adele era tutta per lui: sentiva il bisogno di apprendere come si sviluppassero le passioni in mezzo a tanto candore, qual forma assumessero, e quanta importanza ci avessero.

« E tu » le aveva domandato sorridendo a fior di labbra « non hai amato altri? »

Ella, che gli teneva ancora il broncio, rispose col dispettuccio dei sedici anni.

« Sí, ho amato Gemmati. »

« Proprio? » domandò Alberto ridendo.

Erano appoggiati a quella tale balaustrata, un dolce e tiepido giorno di novembre. Le foglie ingiallite si correvano dietro pei viali, il torrente rigonfio s'era fatto brontolone, e le nuvolette facevano capolino sulle cime degli Appennini, proprio come *allora*. Ella gli cinse il collo col braccio, e rispose:

« No, gli ho voluto bene soltanto. »

« Cosa vuol dire voler bene soltanto? »

« Vuol dire stare a discorrere volentieri con quel tale di ciò che piú ci preme o ci addolora, e trovare un gran sollievo nel sentirsi stringere la mano quando si ha il cuor grosso. »

« La sa, signora mia, che cotesto io lo chiamo amore bell'e buono? »

« Davvero?... o come va dunque che pensassi in quel momento ad un altro... ch'era anche un gran cattivaccio?... »

Ei se la strinse al seno, forte forte. – Adele si era fatta dolcemente melanconica.

« Quante volte siamo stati qui, come adesso! Che brutti giorni!... Cos'hai? »

« Nulla. »

« Se sapessi che nobile cuore! e com'è degno della tua amicizia Gemmati! Quando gli dissi che t'amavo sempre... e che a sposarci bisognava non pensarci piú, non esitò, non fece un'osservazione, non disse una parola; chinò il capo, e allorché partí avea le lagrime agli occhi senza che se ne avvedesse... Io pure che avevo tanto sofferto, e che sentivo come egli dovesse soffrire, avevo gli occhi umidi... Ma che hai, ti dico?... Hai torto, vedi! »

« Lo so. Ma non me ne parlare mai piú, Adele! »

Ella chinò il capo, si fece rossa, e poi sorridendogli fra maliziosa e giuliva:

« Preferiresti che facessi come te? »

« Come faccio io? »

« Ma... Io non ho nulla a nasconderti... Invece se tu

mi narrassi la metà di quello che non mi vuoi dire!... »
« Non è la stessa cosa, Adele mia » disse Alberto secco secco.

XLIV

Alberti sarebbe volentieri rimasto a Belmonte tutto l'inverno, ed anche tutto l'anno. Quella vita calma e serena, circoscritta in un orizzonte limitato, confacevasi alla stanchezza dell'animo suo, e al bisogno che provava di rinascere in quell'amore cosí nuovo, senza che altre immagini del passato potessero venire a turbare il suo pensiero ed a mettere in pericolo quell'intimità che gli faceva tanto bene. Ma Adele temeva di stancare l'ombrosa e mobilissima fantasia del marito mostrandosi a lui sempre dentro la stessa cornice, e sotto il medesimo aspetto. – Nel piú puro amor di donna, e forse anche in quello dell'uomo, c'è sempre un po' di civetteria. – La moglie voleva legare a sé piú strettamente, indissolubilmente il marito, giovandosi di tutti i vantaggi che il mondo dà ad una bella donna, facendoglisi vedere piú ricercata, se non piú bella. Alla donna sorrideva forse il pensiero di mettere ai piedi dell'uomo amato la sua eleganza di gran signora, ed anche, perché no? i suoi trionfi di mondana. Alberti, temendo di mostrarsi egoista non fece alcuna osservazione, e ad inverno già inoltrato tornarono a Firenze.

La marchesa Alberti era leggiadra, la sua felicità irradiava come un'aureola seduttrice su di lei. Ella prese con perfetta disinvoltura il primo posto nei saloni fiorentini. Alberti era stato un uomo elegante, adesso era un marito perfetto. Accompagnava qualche volta la moglie nelle prime visite, tanto da non dar nell'occhio, e dal canto suo ricominciò a fare press'a poco la vita che facevano tutti i suoi amici. Si faceva vedere un momento nei saloni che frequentava la moglie, o andava a trovarla nel suo palco per presentarle qualche amico. Sua moglie era sempre assediata da una folla di cortigiani – egli avrebbe trovato assai strano che fosse stato altrimenti, poiché cosí facevano tutti, cosí aveva fatto egli stesso – ma intanto ne soffriva segretamente, e doveva fare sforzi penosi per dissimulare le unghie d'acciaio che gli laceravano il cuore e gli facevano balenare in viso la collera, o sulle labbra il sarcasmo. Piuttosto che tradirsi si sarebbe ucciso; ma senza essere precisamente geloso, senza aver perduto una briciola della illimitata fiducia che riponeva nella moglie, provava un gran dispetto vedendola corteggiata. Sapeva che corteggiare vuol dire insidiare, eppure sarebbe stato quasi ridicolo che sua moglie non lo fosse, ed egli era costretto a stringer la mano a quei suoi buoni amici che cercavano di rubargli il suo tesoro, e soffriva tutte le punizioni di quella logica mondana in nome della quale aveva fatto soffrire egli pure. Ne soffriva piú degli altri perché era piú orgoglioso e piú corrotto, piú diffidente e piú innamorato.

Marito e moglie non erano piú sempre insieme come a Belmonte. Avevano adesso cento occupazioni diverse che li allontanavano inesorabilmente per delle ore parecchie, e subivano senza avvedersene la tirannia della società in cui vivevano. Adele, che amava sempre a cuore aperto, era felicissima di deporre ai piedi di quel sarcastico ed altero signor marito le corone che riportava la sua vanità di donna, e vedendolo sorridere non sospettava nemmeno quanto egli soffrisse senza che un sol muscolo della sua fisonomia si contraesse; lo vedeva sempre gentile ed amoroso; lo vedeva disinvolto e di buon umore fra i suoi amici; lo vedeva elegante, corteggiato ed invidiato; non scorgeva una nube sulla sua fronte, e lo credeva felice.

Essi s'incontravano sovente all'ora della colazione, e quasi sempre a pranzo. Dinanzi ai domestici si trattavano col calma ed affettuosa dimestichezza; l'etichetta coniugale non costava loro il menomo sacrificio, perché entrambi erano perfettamente ben educati. A volte stavano a discorrere prendendo il caffè sino all'ora che la moglie andava ad abbigliarsi per la sera ed il marito andava a fumare il suo sigaro al Circolo. Egli l'accompagnava sino alla soglia delle sue stanze, e si lasciavano con una stretta di mano. Spesso la sera accadeva ad Alberto di aspettare

Adele seduto accanto al fuoco col capo fra le mani. Lo specchio del camino non diceva a lei quali nubi fossero passate su quella fronte. Udendo il fruscio della sua veste e vedendola entrare bella e radiosa, facevasi trovare sorridente egli pure, si alzava e andava a toccare le mani e le labbra che ella gli porgeva. Allora sedevano accanto al fuoco, narrandosi i casi insignificanti del dí, e le storielle piccanti o ridicole della sera. Alcune volte il marito gettava uno sguardo distratto o imbarazzato sulle sue belle spalle nude che arrossivano, ed ella chinava gli occhi senza vedere che anche lui li teneva fitti sul tappeto – e non sereni come i suoi.

« Come sei bella! » le diceva talvolta Alberto con una certa risolutezza.

Ella sorrideva.

« Quanti te l'avranno detto stasera! »

Ella faceva una graziosa spallata.

« Vorrei essere giovane e bello come te!... » soggiungeva Alberto con un sorriso di cui stentava a dissimulare la tristezza.

« Perché? » domandava Adele un po' inquieta.

Egli tardava a rispondere.

« Vuoi che ritorniamo a Belmonte? »

« Sei felice almeno, Adele mia? »

« Tanto! » e lo abbracciava per dirgli che lo era per lui. « E tu? »

« Io... sí! sí! »

Alcune volte Alberti era piú triste del solito, però senza motivo. Saettava alla sfuggita sulla moglie, quasi inavvedutamente, uno sguardo scrutatore; impallidiva o arrossiva senza vederlo se per caso Adele sembrava piú melanconica, o piú allegra, o piú pensosa del consueto. Non osava rivolgerle la piú lontana domanda; indispettivasi contro sé stesso, e le chiedeva tacitamente perdono di non so quali sospetti baciandola con effusione. Pensava spesso a Belmonte con melanconica dolcezza, e si rimproverava il suo egoismo. Il suo triste passato gli si rizzava dinanzi come il fantasma della pena del taglione.

XLV

La contessa Armandi era ritornata a Firenze sin dal principio dell'inverno, e per consiglio dei medici, per obbligo di condizione, per svago, per far piacere alla figliuola, avea dovuto ricominciar a veder gente, e a farsi vedere. Cosí non tardò molto ad incontrare Alberti. La contessa era sempre una donna di spirito, e non avea pensato a rimettere al pari dei denti, gli artigli che le erano cascati. Ella abbracciò Adele come la sua migliore amica, vide Alberti come se si fossero lasciati il giorno innanzi – e gli disse anche:

«Ci vuole un bel coraggio per dirle che son proprio l'Armandi di vent'anni fa, non è vero? Gli amici che invecchiano lontano non dovrebbero rivedersi giammai. Anche lei è cambiato, sa?»

«E tu hai amato quella donna.» gli disse Adele fra motteggevole ed imbronciata, allorché furono a casa, ritti dinanzi allo specchio del camino – ei ci si era guardato a lungo per la prima volta. Ci aveva pensato anche lui, ed era un po' lunatico quella sera; Adele aveva tentato dissipar la tenue nube. Egli sorrise dolcemente, ancora pensoso e le disse:

«Chissà se fra qualche anno non penserai la stessa cosa di me?»

«Cattivo! oh, cattivo!» esclamò con impeto la moglie buttandoglisi al collo.

Quelle due parole dell'Armandi avevano però gettato un gran turbamento nel cuore di Alberto. Tutte le follíe del passato gli sfilavano dinanzi, ironiche, motteggiatrici, assurde, ridicole; prendevano la fisonomia di quella amante, già appassita, e coi capelli grigi; ei fu costretto a domandarsi quali sarebbero stati adesso i suoi sentimenti se l'Armandi, invece di lasciarlo come un guanto rotto in un viale del Valentino, avesse sempre continuato ad amarlo; se la gratitudine, il dovere, l'onore, lo legassero ancora a quella donna! Tutto quello che aveva sentito per lei se ne sarebbe dunque andato con gli anni e colla bellezza, poiché non sarebbe rimasto altro legame che il dovere, o peggio, l'abitudine. Allora avea gettato gli occhi sullo specchio, e il suo pensiero era corso di lancio ad Adele. Anch'egli era cambiato, molto cambiato! Quel dubbio, quella timidità, quell'inquietudine che agitavasi confusamente in lui da un pezzo, l'Armandi l'avea formulato nettamente colle sue parole e coi suoi capelli grigi; si sentiva più cambiato dentro di sé che all'esteriore; la stanchezza fisica influiva sulla prostrazione morale; tutti i suoi sentimenti avevano alcun che di fiacco, d'incerto, di sfiduciato, all'infuori di quel solo che qualche volta era un tormento – e Adele era ancora piena di giovinezza e di beltà! – Il suo fatale spirito d'analisti lo spingeva a tristi deduzioni; sembravagli che il nuovo sentimento il quale riempiva tutto il suo cuore fosse un effetto di quella medesima stanchezza fisica e morale, fosse quel bisogno di ritemprarsi che c'è nell'umana natura. Il suo amore era dunque l'egoismo del cuore, che invecchiando s'attacca a qualche cosa! Ma Adele che era giovane e ricca d'affetto?... tutto quello che aveva attratto o suscitato gli ardori della giovinezza di lui non doveva attrarre o suscitare adesso quelli di lei, sedurla, farle comprendere a qual uomo avesse ella legato la sua giovinezza? Avrebbe rinunziato a lei piuttosto che sapersela legata da un sentimento qualsiasi che non fosse stato puro amore. Il suo affetto per la moglie diveniva più intenso, meno espansivo, assai più timido e ombroso.

Adele si avvedeva qualche volta di ciò che passava pel capo del marito come una nube tempestosa. Indovinava il turbamento che sconvolgeva di tratto in tratto quell'anima, e non sapeva a che attribuirlo. Anch'essa divenne inquieta, timorosa e alquanto schiva alle volte. Temeva che gli spiriti irrequieti del marito si risvegliassero, e che egli stesso, combattendosi per debito d'onest'uomo, non potesse fare a meno di rimpiangere segretamente la libertà perduta, e la vita avventurosa di una volta. Anch'ella perciò era divenuta un po' melanconica, e qualche volta anche dispettosa. Avrebbe voluto mettere la sordina alle memorie che turbavano la mente del marito, come poteva metterli le mani sugli occhi se voleva, per impedirgli di vedere le belle donne delle quali era gelosa – e poi per una tal superbietta di donna, ed anche per ambizioncella di moglie, avrebbe voluto scaricare su qualcuno, un caro qualcuno di là da venire, la responsabilità di quella missione. « Se avessimo un bimbo! » gli diceva sottovoce, e celandogli in seno il viso infuocato.

Ei chinava il capo e stava zitto; una volta rispose con quel sorriso tutto suo:

« Hai voluto tentare il cielo, lo vedi, Adele mia! »

In quel tempo Gemmati era ritornato a Firenze da un lungo viaggio scientifico, e Adele avea dato scherzando al marito quella notizia raccolta nelle conversazioni dove si facevano le lodi del giovane scienziato.

« Bisogna scappar via da Firenze adesso? » domandò ridendo.

« Bisogna invitarlo a pranzo domani, e farmi perdonare i torti che ho verso di lui. »

Gemmati avea perdonato quei torti, noti oppur no, con una di quelle strette di mano che armonizzavano col suo viso aperto e leale. Avea riveduto Adele senza finta semplicità, senza riserbatezza affettata. Dopo la prima stretta di mano, tutti tre sentirono che non avevano più nulla a nascondersi, nulla a rimproverarsi, e respirarono liberamente.

« Sai che sono stato geloso di te! » gli disse Alberto allorché furono soli un momento.

« Non sarebbe stata la prima volta » rispose Gemmati ridendo. « Ti rammenti della figliuola del barbiere a Prato? e adesso, alla fine dei conti, mi tocca d'esser geloso io di te! Sei felice? » aggiunse vedendo rientrare la marchesa.

« Sí » rispose Alberto con una certa vivacità.

Gemmati avea mille cose da raccontare dei suoi viaggi, e il suo dire era pieno di brio e d'interesse. La sera trascorse come un lampo, in una dolce e tranquilla intimità, e fece venire nel discorso il ricordo delle piú belle sere di Belmonte. Gemmati s'era fatto un bell'uomo, dai lineamenti energici e virili; sembrava avesse acquistato in una vita attiva ed operosa tutto quello che Alberti aveva sciupato nella sua molle e tempestosa. Il marchese l'avea forse contemplato con cotesto sentimento, mentre Gemmati discorreva con sua moglie, e quando se ne fu andato, Adele disse:

« È sempre giovane, n'è vero, Alberto? »

La salute della marchesa Alberti era sempre delicata, in estate i medici le prescrivevano di fuggire Firenze. Ella soleva andare a Montecatini, a Viareggio, o a Livorno.

Quell'anno fu scelto Livorno.

« Vieni anche tu? » aveva domandato Alberto a Gemmati.

« Non posso. Ho speso tutto il mio poco avere nei viaggi, e adesso bisogna che metta giudizio. Comincio a farmi una discreta clientela. Sai come siamo noi altri medici, specialmente in principio di carriera? Non potrei lasciar Firenze per una settimana, senza mandare a monte quel che ho fatto sinora. »

Livorno quell'anno era una stazione alla moda. Gli alberghi e le ville rigurgitavano di forestieri. Giammai l'Ardenza e i Cavalleggeri erano stati piú affollati di equipaggi eleganti. Il giorno stesso che la marchesa Alberti prendeva stanza nell'appartamento fissato preventivamente per telegrafo all'albergo della Gran Brettagna, giungeva da Berna nell'albergo istesso una di quelle coppie di zingari del gran mondo che scorazzavano per tutte le stazioni d'Europa segnate dalla moda – il principe e la principessa Metelliani.

La principessa era abituata ad arrivar da per tutto come una regina, ed a stendere senza contrasto il suo ventaglio come uno scettro. Ella fu dunque ferita nel piú vivo dell'amor proprio incontrando a Livorno una rivale preferita, incensata, corteggiata piú di lei, e che per giunta non sembrava curarsi del suo trionfo, o godevaselo disinvoltamente, come cosa dovutale naturalmente – e chi poi? quella medesima donnina che ella aveva sempre eclissato col solo riflesso dei suoi biondi capelli! – quella figurina pallida, magra, tutta occhi, la quale non aveva cotesti occhi che per suo marito, e che tutti quegli imbecilli dell'Ardenza e dei Cavalleggieri adoravano da lontano come tanti Don Chisciotti. – Quel cencio stesso di marito glielo aveva lasciato lei, quando non avea saputo piú che farsene. Se non si fosse trattato che di lui, ella avrebbe continuato ad essere la migliore amica di Adele, e del resto – a parte il principe, che nell'esistenza di Velleda non avea giammai contato altro che come principe – l'antico suo amante era davvero divenuto un *cencio d'uomo*. Ma adesso gliene voleva anche perché quel tal marito cencio o no, che essa le aveva regalato, il quale l'avea tanto amata, lei, la bella Manfredini! che anch'essa avea forse amato – forse – si fosse consolato proprio con quella Adele! si fosse consolato talmente da non caderle ai piedi la prima volta che l'avea riveduta da Pancaldi! – lei, la superba beltà che portava una corona di principessa! Se Adele le avesse rubato quella corona, non le avrebbe fatto maggior dispetto. L'indispettiva anche l'indifferenza serena di quella rivale innamorata soltanto del marito – fierezza, noncuranza, civetteria che fossero, irritavano, ferivano, umiliavano il suo orgoglio, la sua vanità, la sua civetteria. Se ci avesse pensato, avrebbe voluto colpire quella rivale nel solo lato che mostrava vulnerabile, in quel tal cencio di marito che ella – la vinta d'oggi – le avea buttato fra i piedi come una limosina.

Del resto coteste due rivali appartenevano alla medesima società, erano state amiche, *sapevano vivere* abbastanza per non dar spettacolo dei loro intimi sentimenti ai curiosi, agli invidiosi, alla folla, e per stringersi la mano, sin dalla prima volta, col piú grazioso sorriso. Velleda e Alberto s'incontrarono, si salutarono, si rivolsero la parola al modo stesso, colla medesima disinvoltura. Ella disse che *avevano finito come avevano incominciato* – e realmente non era malcontenta che avessero finito a quel modo.

Le due amiche e rivali dimoravano nello stesso albergo, al medesimo piano, uscio contro uscio, si vedevano sovente, s'incontravano tutti i giorni alla medesima passeggiata e agli stessi ritrovi. Una sera che da Pancaldi s'era organizzata in parecchi una gran cena, alla quale Adele aveva brillato più del solito, e la principessa era stata più del solito uggita, mentre l'allegra comitiva usciva in massa a fare una passeggiata al chiaro di luna, Velleda, senza saper come, s'era trovata l'ultima e vicina ad Alberti. Essa gli rivolse un'occhiata singolare, e quindi gli disse mettendoglisi risolutamente al lato:

« Alla fin fine... davvero... perché non mi daresti il braccio? »

E avevano incominciato a discorrere di questo o di quello; poi nel separarsi gli avea detto con quel medesimo tono:

« Vedete che noi si sta meglio in questo modo... che in quell'altro. »

E da quel giorno s'era messa a far la corte ad Alberto.

Alberto se n'era avvisto, e ne provava una segreta soddisfazione, un po' per istinto di vecchio leone che vuol provare ancora le zanne, ma principalmente per uno strano sentimento che riferivasi a sua moglie. Era geloso senza osare di confessarlo all'Adele e a sé stesso, e provava una singolare civetteria mascolina a far intravvedere alla moglie, e a provar a sé medesimo, che egli era sempre preferito a tutti quei ganimedi che gli davano uggia. Non gli dispiaceva anche che sua moglie temesse un pochino per lui, giacché egli temeva per lei, e voleva metterle ai piedi anche lui qualcosa, una di quelle preferenze che lusingano tanto l'amor proprio di una donna.

Adele avea cominciato ad accorgersi anch'essa del tiro che intendeva giocarle la Metelliani; ma rifuggiva dai lamenti, dalle osservazioni, dalle scene, per alterezza naturale, o per timore di quel marito che le imponeva soggezione, e s'era chiusa nella sua dignità di moglie con tal dispettuccio che sembrava disinvoltura.

Intanto le cose andavano perché la Metelliani le spingeva, perché Alberto, senza dare positivamente una mano, chiudeva gli occhi e lasciava andare – e lasciava andare anche per un falso timore di sembrare ridicolo se avesse fatto il puritano – e andavano infine perché Adele non faceva nulla perché non andassero.

Un giorno Alberti, arrivando un po' tardi allo stabilimento dei bagni, incontrò la principessa.

« Vostra moglie è lí » gli disse lei con una lieve tinta di motteggio, indicando sul mare una barchetta carica di ombrellini di paglia e di veli svolazzanti. « Volete che andiamo a raggiungerla? »

Il marchese rispose qualche parola a caso, e le sedette accanto. Dopo alcuni momenti le domandò perché non fosse andata anche lei.

« Potrei dirvi perché vi aspettavo, ma non voglio lusingarvi. Ho corso tanto sui piroscafi, che il mare mi fa uggia persin dalla barchetta. Anche voi avete molto viaggiato, so. »

E si misero a parlar di viaggi.

« Chi ce l'avrebbe detto che dovevamo correr tanto per riunirci... da Pancaldi! » diss'ella ridendo.

Gli aveva detto codesto in un certo modo, e con tale accento da ricordargli perfettamente il punto dal quale erano pur partiti per *correre* – e gliel'aveva fatto rivedere in cosiffatta maniera, che Alberto era rimasto taciturno.

« Non promettevate di riescir cosí buon marito, davvero! » gli disse poco dopo con uno sbalzo capriccioso del pensiero.

Alberto rispose al complimento ironico con un ironico chinar di capo.

« Schiettamente... senz'ombra di lusinga... se avessi potuto prevederlo... non mi chiamerei forse Metelliani. »

« Vedete che qualche volta torna meglio non prevedere! »

« Marchesa Alberti è un bel nome anch'esso. E poi tutti vi chiamano *il marito modello*. Non ve l'abbiate a male: è una bellissima cosa essere innamorato della propria moglie... È vero che siete innamorato di vostra moglie? Sapete che avrei quasi il diritto di essere gelosa io? Vediamo, Alberto, cosa direste se fossi gelosa di vostra moglie? »

Alberto si dibatteva ancora contro il fascino di lei.

« Vi direi che avete torto » rispose freddamente e alteramente.

Ella si levò da sedere. « Francamente, se non fossi quella che sono vorrei essere... M'accompagnate sino alla mia carrozza? »

Alberti s'inchinò, le porse il braccio, e s'avviarono. Dopo alcuni passi: « Verrete al ballo di stasera? » domandò la principessa.

« Non so. »

« Ci sarà anche la vostra Adele. »

« In tal caso verrò per accompagnarvi lei » rispose egli con calma, e senza mostrare di aver sentito la puntura.

« Andrete pure al concerto delle quattro? Lei non manca mai. »

« Essa sa che fuggo i concerti, e me ne dispenserà. »

La principessa rizzò il capo, e fissò gli occhi nel vuoto corrugando le ciglia.

« Sicché alle quattro sarete libero? » domandò dopo un istante, con quel medesimo sorriso.

« Liberissimo. »

« Ho intenzione di fare una gita sino a Montenero » riprese ella con vivacità. « La giornata è freschissima. Volete venire con me alle quattro? Andremo a cavallo. Domandatene il permesso a vostra moglie. Volete che glielo domandi io? »

« Mia moglie sarà lietissima. »

Ella si fermò, gli lanciò uno sguardo, scosse i capelli ancora profumati dal bagno con un brusco movimento del capo, e con intonazione singolare:

« Davvero? Dunque verrete? »

« Ma sí. »

« Non avete paura? »

« Paura di che? »

« Ma... che so io?... »

E lo fissò in viso ridendo stranamente.

« Proprio? Non temete che... la fatalità... È singolare! »

« Io sono incredulo. »

« Ah!... Venite dunque ad incontrarmi alle quattro ai Cavalleggieri. »

Egli s'inchinò senza rispondere.

« Proprio? Verrete? »

« Certo. »

« È che temevo... Scusate: non ce l'avete piú con me? »

« Non ce l'ho avuta mai. »

« Mai? »

« Mai. »

« Arrivederci dunque. »

XLVI

Alberto rimase tutto sconvolto, col capo vertiginoso, con degli ardori improvvisi che gli scorrevano per le vene, ed evitò gli sguardi della moglie quand'ella saltò dalla barca appoggiandosi alla mano di lui.

Il marchese avea ordinato il suo cavallo per le tre e mezzo. Verso quell'ora Adele, dopo essersi abbigliata, usciva per andare al concerto, e incontrò il marito nel salotto – la camera e lo spogliatoio della marchesa erano separati dalle stanze del marito da quel salotto. – Alberto leggeva o fingeva di leggere.

« Oh, non sei andato? » gli disse.

« No, vengo con te. Vuoi? »

« Volentieri. Non ti annoierai però? »

« Tutt'altro. »

Al concerto c'era tutto *il mondo elegante*, all'infuori della principessa Metelliani. Marito e moglie erano rientrati in casa verso le sei, quando si udí nel corridoio che separava il loro appartamento da quello dei Metelliani il fruscío dell'amazzone della principessa che ritornava dalla sua passeggiata.

A pranzo Alberti fu un po' distratto, e faceva degli sforzi visibili per non lasciar scorgere la sua preoccupazione; quando fu l'ora d'andare al ballo pregò la moglie che lo dispensasse d'accompagnarla.

« Perché non vieni? »

« Sono stanco, ho qualche lettera da scrivere, e del resto sai che non mi diverto molto. »

« Ci rinunzierei anch'io, se non mi fossi impegnata ad andare colla Lina. »

« No, vai, divertiti pure, anche un poco per me. »

La marchesa partí; un quarto d'ora dopo si udí anche la carrozza della Metelliani che andava. Allora Alberti respirò liberamente.

Passò nel suo stanzino da studio e si mise a leggere per ingannare il tempo, aspettando la moglie, ed anche per distrarsi alquanto.

A misura che andava calmandosi quello stato d'agitazione in cui era stato tutto il giorno, dopo la prima vertigine, attraverso le idee che andavagli suscitando la lettura, ritornava con una strana intermittenza il pensiero che lo preoccupava dippiú. In certi momenti chiudeva gli occhi, e scorgeva Velleda come l'avea vista il mattino.

Tutt'a un tratto udí un passo rapido e leggiero nel salotto, l'uscio fu aperto bruscamente, ed entrò la principessa.

Era in abito da ballo, avvolta in una leggiera mantellina, splendida di bellezza.

« Vostra moglie vi ha proibito di venire? » domandò con un sardonico sorriso.

Alberto la guardava ancora sorpreso, senza rispondere.

« Vi siete pentito, dite? »

« Sí. »

« Alla buon'ora! »

La principessa non osservava che Alberti s'era bensí levato in piedi, ma non l'invitava a sedere. Andò risolutamente verso la poltrona ch'egli aveva lasciato, e vi si adagiò da padrona.

« Perché non siete venuto neppure al ballo? Per timore d'incontrarmi? »

E siccome egli non rispondeva, soggiunse:

« Avete fatto una bella cosa, marchese Alberti! »

Dopo un istante di lotta penosa ei disse risolutamente:

« Io vi ho perdonato... perdonatemi! »

« Ah! m'avete perdonato? Che cosa, di grazia? »

« Lo sconvolgimento che avete gettato nella mia mente, il turbamento che m'avete fatto provare accanto a mia moglie... il rossore che son costretto a subire dinanzi a voi. Tutto ciò non vi pare abbastanza? »

« No! » esclamò dessa con accento indefinibile. « C'è qualcosa di piú... o di peggio, come volete... che io mi sia gettata alla vostra testa, che voi ne abbiate forse riso con vostra moglie, e che io sia qui!... Cosa vi sembra di cotesto, marchese? »

Ei guardava stupefatto quella bellezza imperiosa, fremente di corruccio e di civetteria dispettosa – di cui le braccia nude spiccavano a loro insaputa sul bruno velluto della poltrona.

« Cosa credete che possa fare una donna in tali condizioni? »

Alberto chinò gli occhi dinanzi a quegli occhi sfolgoranti.

« Per fortuna che sono una donna di spirito, – avete detto, – e anche voi... – e non ho bisogno di domandarvi se siete certo che il vostro amor proprio non v'abbia giocato un brutto tiro. – Addio, Alberto; giacché volete il mio perdono, ve lo dò con tutt'e due le mani. Non dite nulla a vostra moglie. Che cosa penserebbe se sapesse che sono stata qui, proprio qui, dopo la mezzanotte, io, la vostra antica amante?... Poiché ci siamo amati, non è cosí? – Ma, davvero!... avrebbe torto, davvero! »

S'era rizzata in tutta la bellezza della sua elegante persona, ironica, provocante, motteggevole, colle spalle marmoree, e il seno superbo, la veste sinuosa, come cosa animata anch'essa è seduttrice e stava per andarsene. – Egli che non avea detto più una parola, le prese con impeto una mano, poi l'altra. Ella, afferrata da quella stretta, gittò indietro tutta la sua persona fremente.

La principessa aprí l'uscio con un colpo secco e nervoso; gettò ad Alberto una stretta di mano senza voltarsi, ed attraversò il salotto rapidamente. Alberto ritornando dall'accompagnarla ancora confuso e sossopra, vide del lume in camera della moglie. Rimase un istante ritto in mezzo al salotto, turbato, sorpreso, esitante, poscia picchiò timidamente all'uscio ch'era soltanto socchiuso. Trovò Adele dinanzi allo specchio, in atto di disfarsi i capelli senza l'aiuto della cameriera, pallida, turbata anch'essa. – Udendo entrare Alberto si volse trasalendo.

« Sei tornata... diggià!... » diss'egli evitando di guardarla.

Chinò gli occhi anche lei.

« Sí » rispose dolcemente.

« Da quanto? »

« Da poco... da mezz'ora... »

Egli fece qualche passo per la camera.

« Volete che partiamo domani? » domandò poscia.

Ella chinò il capo. Il marito uscí.

XLVII

Qual notte terribile per la povera Adele! Non solo avea ricevuto una acerba ferita al cuore ed all'amor proprio, ma tutto l'edificio della sua felicità crollava; quell'uomo ch'era tutto per lei le sfuggiva, travolto nel turbine di quelle passioni ch'erano state cosí formidabili per lui, e che lo rendevano formidabile agli altri.

Ella non avea pianto, non s'era lamentata; il domani s'era levata com'era andata a letto la sera senza chiuder occhio, pallida, febbricitante, e avea fatto con calma i preparativi per la partenza.

Lungo il viaggio scambiarono una dozzina di parole, parole indifferenti, dette con accento pacato, evitando di guardarsi, parole di ghiaccio che mettevano del ghiaccio tra di loro. Ella sentivasi stringere il cuore, e procurava di metterci almeno una certa dolcezza; quella dignitosa rassegnazione sembrava che andasse a colpire in faccia Alberto, il quale sentiva l'abisso sprofondarsi gradatamente fra di loro: lo sentiva alla sua propria freddezza, a quel non so che d'impacciato, di timido ed altero che c'era, a sua insaputa, nelle sue stesse parole.

Cento volte, in quella notte dolorosa anche per lui, era stato sul punto di correre a buttarsi ai piedi di Adele, e chiederle perdono; ma gliene era mancato il coraggio per una fatale delicatezza, per un falso pudore, per una singolare rettitudine della colpa. Domandarle perdono di che? Di averla tradita vilmente per una donna che non stimava punto? Di aver dimenticato in un istante l'amore di lei, la fiducia ch'ella aveva in lui, il loro passato, i giorni, i mesi interi d'intimità, di casto abbandono, d'espansione, d'identificazione completa d'idee, di sentimenti? Di essersi posto sotto i piedi tutto ciò per dei capelli biondi e delle spalle che gli si erano *gettate alla faccia*? Di averla insultata volgarmente all'uscio istesso delle sue stanze? Ma il domandarle cotesto perdono non sarebbe stato un altro insulto? Non sarebbe stato come domandarle una sanzione disonorevole per entrambi, un confessarsi piú basso della colpa? D'ora innanzi avrebbe potuto piú dirle che l'amava tuttora, che non avea mai cessato d'amarla – ed era vero – senza sentirsi montare i rossori al viso? E avrebbe potuto credere ch'ella avesse obbliato, e l'amasse ancora, senza dubitare che mentisse anche lei? Quando si cade bisogna almeno aver la forza di non dare del viso nel fango.

Giunti a Firenze, mise in campo degli affari, e partí per la campagna. Cosí toglievasi pel momento al supplizio di comparirle dinanzi in quelle ore che solevano passare insieme. Ella sentiva un gran dolore, una gran timidezza di fronte a quell'uomo, un gran timore di contrariarlo, e non fece la menoma osservazione.

Alberti avea detto che sarebbe mancato una settimana o due, e mancò tre mesi. In questo tempo Adele s'era ammalata, assai piú gravemente di quel che sospettasse ella medesima, e gliene aveva scritto come di una passeggiera indisposizione. Egli informavasi di lei tutti i giorni per telegrafo, ma non ritornava. Del resto le notizie che riceveva erano sempre piú rassicuranti: la marchesa sembrava intieramente guarita.

D'allora in poi il marchese scriveva spesso alla moglie, e spesso riceveva sue lettere. Per lo piú erano lettere insignificanti – o significanti troppo – non contenenti altro che le fredde formule della cortesia coniugale, rispettose e asciutte da parte di lui, timide e riservate da parte di lei. Di tanto in tanto un pensiero serpeggiava (è questa la parola adatta, poiché era un serpe) per la mente di Alberto. Che cosa sarebbe divenuto di quel tesoro di affetto che c'era nella sua Adele, adesso che per sua colpa era stato distolto violentemente da lui? Dove sarebbesi rivolto, su chi e in qual modo? Allora arrischiavasi ad insinuare nelle lettere qualche frase che prestavasi ad un'interpretazione affettuosa, e cercava nelle risposte di Adele il riflesso del sentimento che provava.

Gemmati, avendo saputo che la marchesa Alberti era ritornata da Livorno, sebben non si fosse fatta viva, era andato a farle visita, ed era rimasto colpito dall'alterazione profonda che scorgevasi nell'aspetto di lei. Dopo alcuni giorni Adele s'era ammalata davvero, Gemmati l'avea assistita come sorella o come una figlia, e, pur dissimulando la gravità del male, aveva insistito perché non fosse informato Alberto. I pretesti dapprima, e poi le ripulse ostinate della marchesa, l'avevano sorpreso, e non avea tardato ad accorgersi che qualcosa di grosso doveva esserci stato. Conoscendo Alberto intimamente, egli fu sgomentato piú di quanto lo fosse Adele istessa.

Prima di cedere al gran bisogno che sentiva di sfogarsi, di esser confortata, di appoggiarsi ad una mano amica, Adele avea molto combattuto, per delicatezza, per un sentimento di dignità, di rispetto e di amore verso il marito; ma a poco a poco qualcosa erale sfuggita lentamente. Gemmati avea capito il resto, e d'allora in poi erasi mostrato piú riservato, e piú discretamente affettuoso. Andava a trovarla di sovente, poiché sentiva che il darle occasione di parlar di *lui* le faceva bene, e che quel povero cuore tremante e malato aveva bisogno di esser rinfrancato da una voce amica. Le diceva poche parole, di quelle che sapeva giovarle, o stava zitto, ascoltando pazientemente i suoi discorsi scuciti e febbrili, o il suo silenzio eloquente. Ella avea finito per fargli leggere le lettere di Alberto, cosí fredde, cosí compassate, e gli dimandava dei consigli o delle lusinghe. Mostravasi cosí contenta allorché Gemmati dicevale che Alberto sarebbe ritornato ad amarla, ch'egli ripetevale spesso. L'amico le faceva piú bene del medico. Ella guarí infatti, o sembrò esser guarita.

Finalmente una sera piovosa, verso gli ultimi di ottobre, Alberto ritornò a Firenze, e arrivò a casa sua quasi all'improvviso.

Al suo annunzio Adele s'era rizzata di botto in piedi; tutto il sangue le era corso al viso, e vedendolo entrare era ricaduta tremante sulla poltrona, mentre il rossore e il pallore si alternavano rapidamente sulle sue guancie. Gemmati osservava con occhio inquieto cotesti sintomi, e rimaneva preoccupato. Alberti fu sorpreso dall'accoglienza che gli faceva, e parve arrestarsi un istante sull'uscio, e saettare uno sguardo rapido e profondo sulla moglie e su Gemmati. Poi era andato a stringerle la mano, l'aveva stretta anche al suo amico e s'era messo a sedere e a discorrere di quel che avea fatto, e di cose indifferenti con aria distratta. Anche Gemmati erasi mostrato un po' freddo verso l'amico, di cui il suo leale carattere non poteva scusare la condotta. L'arrivo di Alberto evidentemente avea gettato del ghiaccio nel discorso, che andava scucito e alla meglio. Dopo circa un quarto d'ora Alberto protestò una grande stanchezza e si ritirò.

L'indomani andò a trovare la moglie, e s'informò piú minutamente della salute di lei.

« E Gemmati... lo vedi spesso? »
« Sí. »
« Ah! » e parlò d'altro.
Le disse della ubertosa vendemmia, e della *Sassosa*, la

famosa *Sassosa*, e dei miglioramenti fatti, delle disposizioni date, delle occupazioni piacevoli che avea trovato in campagna.

« E tu? » le domandò. « Come hai passato il tuo tempo? »

« Ma... bene. »

« Sei molto pallida, sai! Devi esser stata piú male di quel che m'hai scritto. »

« Adesso sto meglio. »

« E Gemmati è il tuo medico? »

« Sí. »

« Dicono che sia un bravo medico. È tato sempre un uomo d'ingegno. »

« È verissimo, in pochi mesi qui a Firenze s'è fatta una bellissima riputazione. »

« E dei clienti? »

« Molti. »

« Devi essergli doppiamente grata in tal caso della sua assiduità... » Ella levò timidamente gli occhi sul viso marmoreo di lui. « Però trovo strano... davvero!... ch'egli non m'abbia avvisato della gravità della tua malattia... molto strano! » disse Alberto andandosene.

Adele era rimasta confusa, sgomenta, trepidante. In mezzo a tutto questo vago turbamento insinuavasi, come un raggio di sole fra le tristi nebbie della sua anima, la speranza che in quel cuore di sasso fosse ancora qualcosa di vivo che agitavasi per lei. D'allora in poi ella s'arrischiò timidamente a far scorgere anche a lui qualcosa di quel suo nuovo sentimento, di quella deliziosa speranza. Alberto volgeva uno sguardo sorpreso, penetrante, pensieroso su di lei a quelle commoventi esitazioni, a quegli slanci repressi, che tremolavano nello sguardo o vibravano nella voce o avvampavano nei rossori subitanei del suo viso. Aveva anch'egli di quelle esitazioni, di quelle distrazioni – il ghiaccio si liquefaceva, il dubbio si dileguava. Anch'egli sorprendevasi a stare piú lungamente del solito accanto a lei dopo il desinare, e a non cercare piú con tanta fatica i soggetti piú comuni per la sterile e penosa conversazione di quelle ore, o a non essere piú impacciato se il silenzio li sorprendeva tutt'e due, cogli occhi fissi sulla fiamma del camino. In certi momenti il cuore davagli come uno sbalzo in petto, la parola gli moriva sulle labbra, e volgea su di lei gli occhi distratti e profondi. Una sera, dopo aver preso il caffè, erano rimasti piú a lungo del consueto accanto al fuoco, ella come assorta in quel silenzio e deliziosamente turbata, egli astratto, stuzzicando i tizzoni colle molle.

Da qualche tempo le rare parole erano finite anch'esse; marito e moglie non avevano piú bisogno di parlarsi, non rimaneva loro che stringersi quelle mani le quali piú di una volta si erano stese l'una verso l'altra, allorché fu suonata una visita, ed il domestico annunziò Gemmati.

Alberto si scosse, si alzò bruscamente, e fece due o tre passi scostandosi dalla moglie con vivacità. Poi tornò indietro. Il suo volto avea ripreso la solita maschera di marmo. Ella a quel movimento del marito s'era fatta di brace.

« Fate entrare » disse il marchese, poiché sua moglie non dava alcun ordine.

« Ti faccio fuggire? » gli domandò Gemmati stendendogli la mano.

« Al contrario » rispose Alberti, senza avvedersi del gesto e tornando a sedere sulla poltroncina. « Ecco! »

Il discorso si avviò su cose indifferenti. Malgrado la gran forza di dissimulazione che possedeva Alberto, balenava di tratto in tratto nelle sue parole un'ironia dispettosa di sé stesso e d'altrui. Adele sbalordita dalla luce che si era fatta improvvisamente nella sua mente, taceva spesso, era spesso pensierosa, e sembrava imbarazzata. Gemmati sentiva l'effetto che aveva prodotto la sua visita, ed era impacciato anche lui, senza saperne troppo egli stesso il perché. Fra tutti loro Alberto solo mostravasi il piú amaramente disinvolto. Come accade qualche volta, a furia di cercar di stordire la preoccupazione comune col divagare sugli argomenti piú disparati, il discorso era sdrucciolato sul terreno scottante della cronaca galante, e parlavasi di un duello famoso nel quale un marito aveva avuto la peggio: duello che allora faceva le spese della conversazione in tutti i ritrovi della città.

« Ah » disse Alberto alzando le spalle. « Il giudizio di Dio! »

Adele lo guardò in viso. Gemmati aggiunse ridendo:

« Sei tu che parli cosí? »

« Perché no? » rispose Alberto serio serio, dopo un istante di riflessione. « Alla fin fine, se l'onore non ha un fondamento naturale, è una convenzione sociale anch'esso... una cosa falsa... »

« Ne sei convinto? » gli domandò Gemmati, ironico a sua volta.

« Perfettamente » rispose Alberti con calma.

Dopo che Gemmati se ne fu andato, Alberti rimase ancora soprappensieri poi si accomiatò dalla moglie. Vedendolo uscire, Adele fu due o tre volte per buttargli piangendo le braccia al collo e dirgli: "Oh, Alberto!...". Ma le parole, lo sguardo, il sorriso, la fisonomia del marito le agghiacciarono il sangue nelle vene.

Al domani la colazione fra marito e moglie fu silenziosa. Si scambiarono appena le parole indispensabili di cortesia, e tosto alzato da tavola Alberti disse alla moglie:

« Non vai stasera al ballo di casa Rossi? »

« No » rispose Adele pensierosa.

« Non vai in nessun luogo!... È singolare! »

« Se lo desideri... »

« Non desidero nulla. Sembrami sconveniente cotesto stare rintanata in casa.. appena appena compatibile ad una innamorata... Tu cominci a render ridicola la nostra luna di miele, mia cara... E sai bene che non ci ho colpa. »

Ed uscí.

XLVIII

Adele rimase sbalordita, il sangue le avvampò al viso, e corse in furia nelle sue stanze.

Alberto era uscito, róso anche lui dalla febbre, dal dispetto, dalle furie. Andò a caso, quasi senza vederci, e tornò sui suoi passi, spinto da una smania invincibile. Allora fece una cosa che egli stesso avrebbe creduto impossibile: si mise a spiar la moglie.

La marchesa aveva scritto un bigliettino corto corto a Gemmati, dicendogli che aveva bisogno di parlargli. Gemmati venne durante la sera, inquieto per quella letterina secca e asciutta che non diceva nulla e lasciava indovinare molto. Trovò Adele cogli occhi luccicanti insolitamente, ma pallida e disfatta, e toccandole la mano: « Voi avete la febbre! » esclamò.

Ella non l'udí. Dopo un istante di esitazione, gli disse risolutamente:

« Amico mio... bisogna che non ci vediamo piú. »

« Perché? »

Adele si fece rossa, con un'aria di pudico trionfo. « Mio marito è geloso! »

« Di me? »

« Di chi potrebbe esserlo? » diss'ella abbassando gli occhi e la voce, come se una favilla di quei misteri che a nostra insaputa si nascondono fra le tenebre dell'anima scintillasse improvvisamente alla superficie.

« E voi... siete contenta ch'egli sia geloso? » domandò Gemmati sottovoce.

« Sí! » rispose dolcemente la donna con l'egoismo degli innamorati; e un sorriso la irradiò.

« Che volete che faccia? »

« Evitiamo di vederci. »

« Cosa penserà Alberti?... che m'abbiate prevenuto!... »

« È vero!... »

« Quell'anima fiacca e malata dubiterà sempre... Forse sarebbe peggio... Bisogna fare qualcosa dippiú. »

« Cosa? »

Dopo un breve silenzio ei le disse timidamente:

« Mi sarete grata di quel che farò per voi? »

Ella gli strinse la mano, e chinò gli occhi. Rimasero un istante assorti. In quel momento entrò Alberto.

Adele ritirò vivamente la mano. Il marchese li guardò appena. Vide Gemmati commosso, e delle tracce di lagrime negli occhi di sua moglie; sedette.

« Sono venuto a dirti addio » disse Gemmati rompendo pel primo quel silenzio glaciale.

« Parti? »

« Sí. »

« Per dove? »

« Vado a Napoli. »

Adele impallidí. « A Napoli c'è il colèra! » disse con vivacità.

« Son medico, ed ho degli importanti studi da fare sul colèra. »

« E ti fermerai... molto tempo? »

« Mi stabilirò colà. »

« E la tua clientela di Firenze? »

« Me ne farò un'altra laggiú... »

La marchesa non aveva piú aperto bocca. Gemmati, senza nessuna esagerazione, le disse addio con semplicità.

Alberti l'accompagnò sull'uscio, e gli strinse la mano proprio all'inglese.

« Tardi o no, è una bella azione che fa Gemmati! » disse tornando a sedere presso la moglie immobile e bianca come una statua. Ella levò gli occhi su di lui quasi non avesse ben capito.

« E a proposito di partenza... sono venuto a dire... che parto anch'io. »

Adele, seguitando a fissarlo con occhi spalancati, attoniti, impietrati dal dolore, balbettò:

« Per sempre? »

« Chi ha detto che sia per sempre? Non vado a consacrarmi ai colerosi io... Ho risoluto di viaggiare un po'. »

« Oh! Alberto! » esclamò la derelitta con voce sorda, lasciandosi cadere sulle ginocchia.

Ei la sollevò con mano ferma. « Non abbassatevi! » le disse freddamente « e non abbassate me! »

La poveretta rimase pietrificata da quello sguardo incisivo, duro, inesorabile, e sentí l'abisso ch'erasi sprofondato fra di loro.

Non s'erano piú detta una parola, e le prime notizie del marchese erano venute da Monaco. Frattanto Adele era ricaduta piú gravemente inferma. Al principio della primavera, lusingata da un'apparenza di convalescenza, era partita per Belmonte. Il marito, che non aveva mancato di chieder notizie di lei, aveva approvato la risoluzione, ed avea promesso che appena di ritorno in Italia, sarebbe andato a trovarla.

Intanto non ritornava, e il male di Adele, dopo parecchi miglioramenti fittizi, s'era dichiarato in tutta la sua gravità. Ella moriva del male che le avea rapito la madre. Il vecchio medico, che la conosceva da bambina, cominciò a farle capire che non intendeva addossarsi da solo la responsabilità di una cura tanto difficile, e chiese un consulto.

La marchesa non disse né sí né no; rimase meditabonda, e nessuno seppe mai quel ch'ella facesse nelle lunghe ore che chiudevasi nella sua camera. Finalmente rispose al dottore che insisteva pel consulto:

« Parmi che si dovrebbe domandare il parere di mio marito... »

Il buon dottore non seppe capire il timido desiderio che avea l'inferma di richiamare Alberto con quel pretesto, e di averselo vicino in quegli ultimi dolorosi giorni di prova. Egli se ne andò tentennando il capo, e borbottando: « Purché non si faccia aspettare anche la risposta... »

Ella aspettava! Il male intanto la divorava rapidamente, e ben tosto le forze le mancarono. Piú volte, non vedendo giungere alcuna lettera del marito, si mise a scrivergli, e non ne ebbe il coraggio. Piú tardi non n'ebbe nemmen la forza. Allora fu assalita da una paura indicibile, e per la prima volta lasciò scappar le lagrime al cospetto del medico.

« Non sarebbe tempo di avvisare mio marito?... »

« Credevo che avesse già scritto... e mi stupisco davvero!... Ma telegraferò oggi stesso... »

« Telegrafare!... » mormorò lei. Non disse piú nulla, e rimase a guardare il pallido sole di novembre che tramontava sui vetri della finestra.

Disgraziatamente il telegramma del dottore non trovò il

marchese a Berlino, dove credevasi che egli fosse; sicché perdette tempo prezioso a correrglí dietro per tutte le piccole città della Germania. Quando finalmente gli fu ricapitato, Alberto non mise tempo in mezzo e ritornò subito in Italia.

A Firenze trovò un secondo dispaccio firmato dalla moglie. Era affranto dalla fatica e diluviava; si fece condurre da un treno speciale sino a Pistoia, e da Pistoia, in carrozza, si mise in viaggio per Belmonte.

XLIX

Piovigginava, la campagna era brulla, le ruote della carrozza s'affondavano nella via fangosa che i cavalli salivano a fatica. Alberto guardava macchinalmente lo sgocciolar della pioggia sui cristalli. Si udivano lenti i rintocchi dell'avemaria, e di tanto in tanto, a seconda dello svoltare della strada, lo squillare acuto ed ora soffocato di un campanello che sembrava inseguire Alberto da un pezzo.

« E cosí? » domandò aprendo lo sportello bruscamente.

« I cavalli non ne possono piú. »

« Ammazzali! »

Ma come se il suono di quella parola l'avesse colpito, gettò un'occhiata sulle povere bestie fumanti e sgocciolanti di pioggia, e si ricacciò in fondo al legno.

I noti alberi che fiancheggiavano la strada sfilavano lentamente attraverso gli sportelli, e lo salutarono mestamente inclinando il capo con sommesso mormorío. La carrozza oltrepassò il cancello. Allora il marchese appoggiò il viso al cristallo per vedere una fontana, che cadeva in rovina. La carrozza svoltò pel viale e si fermò.

« Diggià! » mormorò Alberto.

Nessuno era corso ad aprire lo sportello. Egli balzò a terra. La villa sembrava disabitata, tutte le finestre erano chiuse, i rami sfrondati e la pioggia cadeva lenta e monotona. Il campanello che si era udito per l'erta tornò ad udirsi. Alberto bussò risolutamente.

Un domestico sconosciuto venne ad aprirgli e gli domandò cosa volesse, come se fosse un estraneo. Però egli spinse il servitore per le spalle con un far da padrone che non lasciava alcun dubbio ed andò difilato alle stanze di Adele. Prima ancora di giungervi sentivasi un forte e singolare odore; l'uscio era socchiuso, e non si udiva né parlare, né muoversi nella stanza. Alberto aprí esitante, e si arrestò sulla soglia.

La camera era quasi buia; di faccia all'uscio ardevano due candele su di un tavolino coperto da una tovaglia bianca; dall'altro lato c'era il letto che sembrava vuoto, bianco come un sepolcro nell'ombra. Sotto le coperte modellavasi vagamente una forma indecisa, e sul guanciale, appena depresso, spiccavano due folte treccie nere, e sul viso già disfatto gli occhi neri anch'essi, lucenti nella morte. Su di una piccola tavola accanto al letto c'era un mucchio di piccoli utensili d'argento e di cristallo che luccicavano; di contro al letto, colle spalle all'uscio, vedevasi una poltrona, e una testa interamente canuta che sorpassava la spalliera alla quale appoggiavasi. Tutte quelle cose stringevano il cuore.

L'inferma, vedendo un'ombra nel vano dell'uscio, volse penosamente il capo, trasalí, e fece un languido movimento per stendere la mano, atteggiando le labbra ad un pallido sorriso.

« Grazie! » mormorò con voce che a lui mise il brivido nelle vene.

« Adele!... Adele!... »

« Vedi? » diss'ella soltanto.

Ei volse gli occhi su quella tovaglia bianca, come se non l'avesse ancor vista, e la guardò a lungo in tal modo che Adele premette tacitamente la mano che teneva nella sua.

Il medico s'era alzato.

« Il buon dottore! » disse lei.

Alberto gli strinse la mano con forza.

« È la seconda volta che mi vede in questa camera! » gli disse con un singolare sorriso. « Si rammenta? »

« Molto tempo addietro però! »

« Sí, molto tempo! »

E stette guardando Adele, immobile e bianca nel suo bianco letto. Di quando in quando faceva scorrere uno sguardo stralunato sulla coperta, quasi cercandovi il corpo di lei che vi si smarriva, e le stringeva convulsamente la mano, come per accertarsi che ella fosse ancor lí, e che quello non fosse un orribile sogno. Adele respirava con pena; i ricami del suo corsetto sembravano alitare a guisa di farfalle. Dopo quel lungo sguardo, e un piú lungo silenzio: « Guardami Adele!... » diss'egli alfine.

Adele volse il capo in attitudine stanca. Ei mise sulla ventola la mano tremante, e la fece girare; allora la luce della candela cadde sul viso dell'inferma. Ei rimase affascinato.

Non piangeva, non diceva una parola, la guardava fiso al pari di spettro, e le stringeva la mano come se un'altra mano di ferro gli stringesse il cuore. Sembrava che cogli occhi cercasse avidamente qualche cosa, qualche cosa che non era piú, e faceva balenare la sua ragione.

Ella gli lesse tutto ciò in viso, e due lagrime scorsero lentamente per le sue guance.

« Mi trovi tanto mutata » mormorò essa con un dolce sorriso « che quasi non mi riconosci, è vero?... E non mi dici nulla!.. »

Egli non rispose subito. Poi, con voce sorda:

« Sí... Tanto mutata!... E io pure... io pure... »

Tutt'a un tratto si udí squillare vicinissimo il campanello che aveva udito lungo la strada. Il dottore si alzò.

« Son le sonagliere dei cavalli! » si affrettò a dire Alberto senza saper troppo il perché. Nessuno gli rispose. Una vecchia domestica entrò pian piano, e posò sulla tavola due vasi di fiori.

« Cosa fate? » domandò Alberto. La vecchia rimase indecisa, non sapendo che dire. Adele gli strinse la mano tacitamente. « Non le faranno male quei fiori in camera? » domandò egli al dottore.

Questi scosse il capo tristamente; Alberto ammutolí.

Lo squillare del campanello, che un momento era taciuto, risuonò nell'anticamera, e sembrava avvicinarsi di stanza in stanza, insieme ad uno scalpiccio di passi e ad un borbottare sommesso. Alberto istintivamente avea fatto un passo indietro, quasi si sentisse inseguito. Poi, tutt'a un tratto, strappò la sua mano da quella di Adele, con un movimento istintivo indietreggiò sino in mezzo alla camera, e rimase ritto, pallido, fosco, coll'occhio fisso sull'uscio, affascinato.

Entrò il prete, il sagrestano, due o tre contadini. Il marchese guardava come in un sogno tutta quella gente che entrava cosí in casa sua, e s'accostava al letto di sua moglie. Li vedeva muoversi appunto come le immagini di un sogno, taciti, misteriosi, borbottando parole e facendo segni che non capiva. Adele non parlava, non lo guardava, sembrava impietrita, come sotto un sudario. Poscia tutta quella gente se ne andò, col medesimo scalpiccío funebre, col medesimo mormorío di parole sommesse, lasciando un odor singolare che non aveva mai sentito. Adele rimaneva distesa sul letto, colle mani in croce sul petto, gli occhi rivolti adesso verso di lui, e gli sorrideva serenamente.

« Ora lasciatemi confessare con mia moglie! » disse improvvisamente Alberto alle due o tre persone ch'erano presenti.

Rimase lunga ora nascosto tra le cortine del letto, tenendo abbracciato il capo di lei. Non lo si vide muovere; non si udí un singhiozzo o una parola; nessuno seppe che cosa avesse detto quell'uomo a quella moribonda. Allorché rialzò il capo, nell'ombra del cortinaggio, era piú pallido di lei, e aveva gli occhi lucenti.

Il dottore gli fece un cenno. Egli lasciò dolcemente la mano di lei.

Non si udiva altro rumore all'infuori della pioggia che batteva sui vetri. Ei andò ad appoggiarvi la fronte, guardando nel buio. Dopo qualche tempo si accostò al medico, e gli domandò sottovoce:

« Ebbene, dottore? »

Il dottore non rispose. Allora Alberto con la voce ancor piú soffocata:

« Soffrirà molto? »

« No. »

« E... sarà per stanotte? »

« Domani al piú tardi. »

Ei volse all'orologio uno sguardo incerto.

« Crede che dei dispiaceri... possano averla uccisa? » domandò poscia.

« Il suo è un male ereditario, di quelli che non perdonano... I dispiaceri non possono che averne accelerato lo sviluppo...»

« Anche l'assassino non fa che accelerare!... » interruppe Alberto collo stesso accento calmo e profondo, lasciandosi cadere su di una poltrona di faccia al medico. E rimase cogli occhi fissi su di lei che teneva gli occhi chiusi e sembrava che dormisse.

« Lei deve aver bisogno di riposo » riprese poco dopo il dottore dolcemente. « Approfitti di questa breve ora in cui essa è calma... »

« E quando non potrò vederla piú? »

Il vecchio chinò il capo.

« Mi pare impossibile che non debba vederla piú! » mormorò poscia Alberto come fra di sé.

E un istante dopo:

« Che cosa diverrà, dottore? »

Costui alzò un dito al cielo. Alberto vi rivolse gli occhi anche lui, seguendo macchinalmente quel gesto. Poscia fissando sul medico uno sguardo singolare:

« Lei non è materialista, dottore? »

« Non sono uno scienziato, sono un povero medico di campagna. Ho assistito a molti momenti simili, ed ho visto molti dolori... »

« Ha visto morire delle persone care? »

« Sí. »

« Dev'esser cosí! » mormorò Alberti, dopo alcuni istanti di meditazione.

E rimase colla fronte fra le mani, e i gomiti sui ginocchi.

Di tanto in tanto l'inferma era agitata da scosse convulsive, e tremava tutta; sembrava tormentata persin nel sonno da un'arcana ambascia. Allora Alberto levava il capo, fissava su di lei gli occhi ardenti di febbre, e quando la respirazione di lei si faceva piú calma, tornava a chinarli a terra.

Improvvisamente fu scosso da un rantolo, la moribonda cominciò ad agitare il capo sul guanciale e chiamò Alberto con un suono inarticolato. Egli balzò in piedi, e le prese la mano ch'era fredda come il marmo.

« Dottore! » esclamò con voce concitata.

Il medico prese il polso, e lo lasciò ricadere senza dir nulla.

« Soffre? »
« Per poco... »

La moribonda fissava su di lui gli occhi che si andavano appannando. Il rantolo si faceva piú soffocato, e l'ambascia piú spasmodica.

« Che lunga notte! » mormorò Alberto asciugandosi il sudore della fronte.

Cominciavano ad udirsi i campanacci delle mandre che andavano al pascolo. Alberti levò il capo come svegliandosi, e vide confusamente che i vetri delle finestre cominciavano ad imbiancare. Alla pallida luce dell'alba il viso di Adele sembrava livido. Essa era supina, immobile, col viso affilato e gli occhi appannati. « Adele! » mormorò Alberto chinandosi su di lei. Ella sollevò le palpebre stentatamente. « Son qui Adele! » ripeté una di quelle frasi insensate che strappa l'angoscia. Le bianche labbra della poveretta si agitarono.

« Dottore, mi sente! » esclamò Alberto con un'immensa commozione nella voce, interrogando il medico con occhi ansiosi.

Costui chinò i suoi e non rispose. Alberto chinò il capo.

Adele ricominciò a tremare. Il medico prese per un braccio Alberto e volle condurlo via. Ei gli rivolse uno sguardo profondo.

« Non abbiate paura! » disse.

« Paura? » rispose il vecchio stringendosi nelle spalle.

Un brivido corse per tutto il corpo della moribonda. Alberto prese quasi macchinalmente il crocifisso ch'era a capo del letto, e lo mise fra le mani agghiacciate di lei – il viso si profilò, i muscoli del mento e della bocca si rilasciarono – e rimase immobile.

Ei la guardò, si chinò su di lei, si rialzò lento lento, lasciò dolcemente le mani che stringevano ancora le sue, e fece un passo indietro.

Il medico gli prese la destra. Egli lo guardò trasognato e balbettò:

« Perché?... Diggià?... Per sempre?... »

L

Alberto si lasciò condur via dalla camera della morta. Lungo tutto il giorno stette a guardar dietro i vetri il pergolato spoglio di frondi, il banco rovesciato, e la finestra chiusa, attraverso le cui cortine si vedeva, come una volta, un barlume – funebre barlume stavolta. Alla chiesuola del camposanto, laggiú nella valletta, si udivano di tanto in tanto dei mesti rintocchi – ei rizzava il capo e guardava nel vuoto.

Verso sera il triste corteo si mise in marcia. Egli seguivalo a capo scoperto, impenetrabile e tetro come un fantasma. Le fiammelle dei ceri oscillavano, e le nappe della funebre coltre dondolavano per la ripida discesa.

Alberti ritornò solo dal cimitero, tardi. Le stelle scintillavano sul suo capo, e la luna incominciava a sorgere dietro i monti. Ei si fermò sul ciglio della via a contemplare un lume che brillava ancora laggiú accanto alla chiesuola, nell'ombra. Guardò la luna che sorgeva, le stelle che scintillavano sul suo capo e s'incamminò lentamente verso la villa.

I domestici lo videro attraversare le stanze con passo fermo, pallido e calmo, e dirigersi verso la camera mortuaria.

Quella camera era ancora nel medesimo stato. Le candele finivano di consumarsi sgocciolando, le finestre erano aperte, i fiori erano ancora sulla tovaglia bianca, il crocifisso a capo del letto, le boccettine sulla piccola tavola. Il vento entrava a buffi, e faceva svolazzare le cortine del letto.

Egli s'avanzò lentamente ed andò a toccare ad uno ad uno quei fiori, quella tovaglia, quei mobili, ad esaminare le boccettine. Poscia riempí un gran bicchiere d'acqua, l'accostò alle labbra avidamente, ma lo posò senza bere.

Il letto era intatto, la coperta liscia e distesa, il guanciale non aveva una piega. Ei stette ritto dinanzi a quel letto lunga pezza, guardandolo con occhi astratti; mise la mano con un gesto malfermo sulla rimboccatura della coperta, esitò, colle dita increspate e contratte, e ad un tratto, bruscamente, risolutamente, tirò in giú la coperta, e cadde pesantemente ai piedi del letto col capo sul cuscino.

Si udí un colpo di pistola.

*Questo volume è stato ristampato nel mese di febbraio 1981
presso la Nuova Stampa di Mondadori - Cles (TN)
Stampato in Italia - Printed in Italy*

Oscar Mondadori
Periodico trisettimanale: 24 settembre 1976
Registr. Trib. di Milano n. 49 del 28-2 1965
Direttore responsabile: Alcide Paolini
Spedizione abbonamento postale TR edit.
Aut. n. 55715/2 del 4-3-1965 - Direz. PT Verona
OSC